오키나와 이야기

| 일본이면서 일본이 아닌 |

오키나와 이야기 — 일본이면서 일본이 아닌

초판 5쇄 발행 2024년 5월 31일
초판 1쇄 발행 2016년 10월 5일

지은이 아라사키 모리테루
옮긴이 김경자
펴낸이 정순구
책임편집 정윤경
기획편집 조원식 조수정
마케팅 황주영

출력 블루엔
용지 한서지업사
인쇄 한영문화사
제본 한영제책사

펴낸곳 (주) 역사비평사
등록 제300-2007-139호(2007.9.20)
주소 10497 경기도 고양시 덕양구 화중로 100 (비전타워21), 506호
전화 02-741-6123~5
팩스 02-741-6126
홈페이지 www.yukbi.com
이메일 yukbi88@naver.com

한국어판 출판권 ⓒ 역사비평사, 2016
ISBN 978-89-7696-292-8 / 03910

오키나와 이야기

| 일본이면서 일본이 아닌 |

아라사키 모리테루 지음
김경자 옮김

역사비평사

또 하나의 일본, 오키나와를 생각하며

한국의 독자 여러분, 오키나와 하면 무엇이 떠오르시나요? 오키나와를 '일본이면서 일본이 아닌 곳'이라고 하면 어떤 인상을 받는지요?

사실 일본 사람들 중에서도 오키나와의 독창적인 역사나 문화에 대해, 또는 오키나와가 직면한 정치·사회적 문제가 일본 국가 본연의 모습과 어떤 관계에 있는지에 대해 정확한 지식을 지닌 사람은 많지 않습니다. 이 책은 그런 일본 사람들을 대상으로 오키나와의 자연적·역사적·문화적 독자성이나 오키나와가 직면하고 있는 정치·사회적 문제를 바르게 이해하고 생각해주었으면 하는 바람에서 쓴 것입니다.

그런 책이 한국에서 번역 출판된다니 저자로서 정말 기쁩니다. 될 수 있는 한 쉽고 평이하게 쓰려고 노력했으므로, 특별한 예비 지식이 없는 외국인들도 쉽게 읽을 수 있지 않을까 생각합니다.

현대사에 한정해 생각해보면, 한국과 오키나와는 두 가지 공통되는 역사적 체험을 겪었다고 볼 수 있습니다. 하나는 격렬한 지상전투의 전장(戰場)이었다는 것이고, 다른 하나는 그 결과 방대한 미군기지가 지금까지 존속하고 있다는 사실입니다.

지금 오키나와에는 면적으로 따지면 한국과 거의 같은 규모의 미군기지가 존재하고 있습니다. 오키나와 면적은 한국의 약 1/40이니까 미군기지의 규모를 쉽게 짐작할 수 있으시겠죠. 미군기지가 존재함으로써 토지몰수나 미군범죄 등 많은 문제를 낳고 있는 것은 여러분도 경험하셨을 줄 압니다.

오키나와 민중에게 전후 50여 년은 미군기지와 싸워온 역사였습니다. 그 투쟁은 밀려왔다가 밀려가는 파도와 같이 끊임없이 계속되었습니다. 1995년 가을의 민중투쟁은 패전 후 세 번째로 운동이 크게 고양된 시기였습니다. 이즈음부터 한국에서 미군기지 문제를 해결하기 위해 애쓰시는 분들과 교류하기 시작했습니다.

우리는 오키나와에서 미군기지를 없애는 일이 동아시아에 평화를 가져오는 일과 연결되어 있다고 확신합니다. 이 책이 한국의 여러분과 오키나와 민중들 사이에 서로 이해를 넓히는 기회가 되기를 바랍니다. 한국에서 출판될 기회를 만들어준 역사비평사와 번역을 맡아준 김경자 씨, 해설을 써준 모리 요시오(森宣雄) 씨, 그 외에도 많은 분들이 도와주셨습니다. 협력해주신 여러분께 진심으로 감사드립니다.

1998년 8월

아라사키 모리테루

오키나와에서 강정까지, 평화를 위하여

이 책의 초판이 일본에서 나온 것이 1997년, 한국에서 출판된 것이 그 다음 해인 1998년이었습니다. 그리고 20년 가까이 세월이 흘러 오키나와도 크게 바뀌었습니다. 이 증보판에는 최근 20년 가까이 오키나와를 둘러싼 움직임을 추가해 9장과 10장, 11장에 실었습니다.

1997년 초판의 출판 계기가 된 1995년 가을의 '민중궐기'는 오키나와 현대사의 전환점이기도 해서, 한국의 '주한미군근절운동본부' 등 한국의 활동가들이 오키나와에 깊은 관심을 나타내는 계기가 되었습니다. 한국과 오키나와 활동가들의 직접적인 교류는 1997년부터 시작되었습니다. 오키나와에서 '충한(沖韓)민중연대'(미군기지 반대

운동을 통해 오키나와와 한국의 민중연대를 목표로 하는 모임)도 시작되었습니다. 저 자신도 2000년을 전후해서는 매년 한국을 방문했습니다. 최근에는 고령인 관계로 교류활동에는 거의 참가하지 못하고 있습니다만, 2013년 10월에는 제주4·3연구소의 초대를 받아 국제 세미나 〈동아시아의 평화로운 공존과 연대를 위하여〉에 참가해 해군기지 건설의 현장인 강정마을을 직접 방문할 기회도 있었습니다.

2012년 12월 일본에 제2차 아베 정권이 성립하고 한국에서는 박근혜 대통령이 등장했습니다. 아베 정권은 대미 종속적 아시아 배외주의라는 성격을 가지고, 일본 국내적으로는 안보관련법 제정과 헤노코 신기지 건설 강행 등 강권적 정치를 추진하고 있습니다. 아이러니하게도, 아베 정권과 박근혜 정권의 대항관계가 일본과 미국, 한국의 군사적 협력관계 강화를 저지해왔다고도 할 수 있습니다. 그런데 최근에는 동맹국 간의 대립을 우려한 미국의 압력으로 한일관계가 개선될 조짐도 보이고 있습니다.

이러한 국가 간 관계와는 관계없이 오키나와와 한국 민중들의 상호교류와 이해, 연대는 강화되고 확장되어왔습니다. 오키나와에서 제주 강정마을까지 여러 번 시찰과 지원을 나갔던 일로 한국에 입국금지를 당한 사람들도 있습니다. 반대로 헤노코에서 일본 경찰에 신병이 구속된 한국인도 있습니다.

다만 이러한 관계는 아직도 일부 활동가들에게 한정된 일인지도

모릅니다. 이 책이 더 폭넓은 분야에서 한국의 여러분에게 오키나와의 역사와 현실을 이해하는 데 도움이 된다면 더할 나위 없이 기쁘겠습니다.

2016년 2월

아라사키 모리테루

일러두기

1. 이 책은 1998년 출간된 『또 하나의 일본 오끼나와 이야기』(아라사키 모리테루 지음, 역사비평사)의 증보판으로, 출간 이후 변화된 오키나와 상황을 담은 장을 추가하고(9, 10, 11장) 전체적으로 다시 수정 보완했다.

2. 이 책의 주석은 '저자주'라고 표시된 것을 제외하면 모두 옮긴이주이다.

차례

일본이면서도 일본이 아닌 오키나와

오키나와는 일본의 47개 도(都)·도(道)·부(府)·현(縣) 중 하나이다.
오키나와현의 인구는 일본 전체 인구의 약 1%인 130만 명 정도(1997
년 현재)이며,* 면적은 전 국토의 0.6%에 지나지 않는 2,388km²이다.
그러나 일본 안에서 오키나와는 상당히 독자적인 역사를 갖고 있
으며, 그 역사 속에서 배양된 개성적인 문화가 있다. 또 일본은 대
부분의 지역이 온대에 속하는 데 비해, 오키나와는 아열대에 속해
자연환경 면에서도 독특한 경관을 자랑하고 있다. 해마다 전국에

---

* 2016년 8월 1일의 추정치는 약 143만 명이다. 오키나오 현청 홈페이지 참조. http://www.
pref.okinawa.jp.

서 300만 명이 넘는 관광객이 오키나와를 찾아온다.* 그중 많은 사람들이 독특한 자연환경에 매료되어 온다고 해도 좋을 것이다.

주로 여름에 오키나와를 찾는 많은 젊은이들에게 인기 있는 것은 뭐니 뭐니 해도 해양 스포츠다. 일본 본토(오키나와 말로는 '야마토')에는 가는 곳마다 맑게 갠 푸른 하늘과 코발트색 바다를 배경으로 한 오키나와 관광 홍보 포스터가 붙어 있다. 아마 대부분의 일본 본토 사람들(오키나와 말로 '야마톤츄')이 품고 있는 오키나와의 이미지는 이 관광 홍보 포스터에 잘 표현되어 있다고 할 수 있을 것이다.

또 최근 들어 오키나와 민요에 기초한 류큐 음악의 선율에 매료된 젊은이들이 늘어나고 있다. 오키나와 출신 음악인의 콘서트는 일본 본토 각 지역에서 대환영을 받곤 한다. 산신(三線)**을 훌륭하게 연주하고 오키나와 민요를 잘 부르는 야마토 젊은이도 늘어나고 있으며, 그들 중에는 오키나와 각 지역에서 열리는 예능대회에 참가하는 이들도 있다. 이런 면만 보면 아열대 특유의 경관을 자랑하며 독자적인 역사에서 배양된 개성적인 문화가 있는 오키나와의 이미지는 평화 그 자체이다.

---

* 오키나와를 찾는 관광객 수는 매년 늘어 2000년에 450만여 명, 2010년에 570만여 명, 2015년에는 794만 명으로 늘어났다. 2015년에 처음으로 외국인 관광객이 100만 명을 넘었다. 오키나와 현청 홈페이지 참조. http://www.pref.okinawa.jp
** 뱀의 가죽을 붙인 샤미센(三味線).

그러나 조금만 주의를 기울여보면 오키나와의 또 다른 얼굴이 보인다. 그것은 고난과 분노와 투쟁의 얼굴이다. 나하(那覇) 공항에서 시가지 쪽으로 뻗은 도로 오른쪽에는 자위대 기지 철조망이, 왼쪽에는 미군 군항(軍港) 철조망이 이어져 있다. 오키나와는 군사기지의 섬이기도 한 것이다.

1995년 9월, 오키나와에서 세 명의 미군이 초등학교 여학생을 강간한 사건이 발생했다. 이 사건으로 촉발된 오키나와 민중의 분노는 미·일 안보체제를 뒤흔들 정도로 커져 나갔다.

이 사건이 일어나고 오키나와 민중의 분노가 폭발하기 전까지, 대다수 일본 국민들은 "일본이 미국과 미·일 안보조약을 맺고 있다"는 사실 자체를 거의 잊고 살았다. 미·일 안보조약(미·일 안전보장조약)에 근거한 미국과 일본의 관계를 '미·일 안보체제'라 부른다. 미·일 안보조약은 미군이 일본 지역을 군사기지로 사용하는 것을 허용하고 있다. 바꿔 말하면 미·일 안보는 미군기지와 공존하는 것이다. 그러나 그 미군기지의 무려 75%가 전 국토의 0.6%에 지나지 않는 오키나와에 집중해 있는 까닭에, 야마토에서 미사와(三澤, 青森縣), 요코다(横田, 東京都), 요코스카(横須賀, 神奈川縣), 이와쿠니(岩國, 山口縣), 사세보(佐世保, 長崎縣) 등 기지가 있는 일부 지역을 제외한 다른 곳에서는 미군기지의 존재를 거의 실감할 수 없다. 즉 미·일 안보체제를 피부로 느낄 수 없는 것이다.

그러나 오키나와 사람들은 대부분 일상적으로 미군기지의 철조망과 마주한 채 살아가고 있다. 미군이나 기지와 관계된 사건사고도 잦다. 1995년 9월에 발생한 여학생 강간도 그런 예 중 하나였다. 이 사건 이후 다시는 이런 일이 일어나서는 안 된다고 다짐한 한 소녀와 그 가족의 용기 있는 고발은 많은 이들의 마음을 움직였고, 그동안 당연하게 여겨왔던 '안보'란 무엇인지 다시 묻게 되었다.

독특한 경관과 독자적인 역사, 개성 있는 문화가 있는 평화로운 섬 오키나와의 다른 한쪽에는 전쟁을 위한 군사기지가 있다. 그리고 50여 년 전, 오키나와는 전쟁터였다. 재건된 고대 류큐 왕조의 왕궁 슈리성(首里城) 아래에는 오키나와전(沖繩戰)*에서 사용된 일본군 사령부 참호(塹壕)가 떡하니 입을 벌리고 있다. 전쟁의 상흔이 지금도 여기저기에 남아 있는 오키나와는 일본에서 유일하게 지상전이 벌어졌던 땅이다.

흔히 '일본'이라고 하면 균질적인 섬나라를 연상한다. 그러나 오키나와 사회가 체험한 역사와 지금 직면하고 있는 현실은 '일본이면서도 일본이 아닌' 어떤 것이다. 그럼에도 일본은 이런 오키나와까지 포함해서 하나의 국가가 되는 것이다. 그렇다면 오키나와에 관해 말하는 것은 일본의 또 다른 모습을 말하는 것이나 다름없다.

---

* 태평양전쟁 말기에 오키나와에서 벌어졌던 전투.

이런 작업을 통해서 우리는 일본의 전체 상(像)을 그려볼 수 있게 될 것이다. 나는 오키나와를 알면 곧 일본의 전체 상을 알게 될 것이라는 생각에서 이 책을 썼다.

대만

요나구니지마

야에야마 제도

센가쿠 제도

사키시마 제도

이리오모테지마

이시가키지마

류큐 제

하테루마지마

미야코지마

미야코 제도

　오키나와 이야기─일본이면서 일본이 아닌

류큐호(류큐 열도)

규슈

오스미 제도

도키라 제도

야쿠시마   다네가시마

이오도리시마   사츠난 제도

메지마   이헤야지마   나제

오키나와 제도   도쿠노시마   오시마(아마미오시마)

나하   오키노에라부지마   기카이지마

요론지마

오키나와시마   아마미 제도

기타다이토지마

미나미다이토지마

다이토 제도

오키다이토지마

| 제1장 |

오키나와는 어떤 곳인가

"

류큐 문화권을 이루는 섬들은 약 1,000km 해상에 걸쳐 있다. 이 거리는 일본 맨 북쪽의 아오모리현에서 맨 서쪽의 야마구치현에 이르는 거리와 맞먹는다. 이 섬들은 중국 대륙과 마주보고 있어 동심원을 그리면 도쿄와 거의 같은 등거리에서 서태평양과 동남아시아 각 지역을 바라볼 수 있다.

"

오키나와의 위치

지도를 보면, 규슈(九州) 남쪽 끝에서 대만에 이르는 약 1,300km 해상에 활처럼 연결된 200개에 가까운 섬이 있는데, 그중 약 1/3만이 사람이 사는 섬[有人島]이다. 이 섬을 지리학이나 지질학에서는 류큐호(琉球弧) 또는 류큐 열도라 부른다. 류큐호를 북쪽에서부터 보면 규슈 바로 밑에 일본에서 최초로 철포(鐵砲)가 전래된 곳으로 유명한 다네가시마(種子島), 몇 천 년 된 삼나무로 유명한 야쿠시마(屋久島) 등이 있다. 이 섬들이 오스미 제도(大隅諸島)이다. 오스미 제도 남쪽에는 작은 화산도로 이어진 도카라(吐噶喇) 제도(열도)가 있고, 그 아래 기카이지마(喜界島), 아마미오시마(奄美大島), 도쿠노시마(德之島), 오키노에라부지마(沖永良部島), 요론지마(與論島) 등으로 이어진 아마미

(奄美) 제도가 이어진다. 아마미 제도는 행정적으로 가고시마(鹿兒島) 현 오시마(大島)군에 속한다. 아마미 제도 이북의 섬들은 사츠난(薩南) 제도라 부르기도 한다.

요론지마 남쪽에 오키나와섬(沖繩島: 또는 오키나와 본도)을 중심으로 한 오키나와 제도가 있다. 오키나와 제도에서 약 300km 정도 떨어진 곳에 사키시마(先島) 제도가 있는데, 사키시마 제도는 미야코지마(宮古島)가 중심인 미야코 제도와 이시가키지마(石垣島)가 중심인 야에야마(八重) 제도로 나뉜다. 이 섬들이 행정적으로 오키나와현을 구성하고 있다.

거의 북위 27도선이 오키나와현과 가고시마현을 가르는 경계라 할 수 있지만, 엄밀하게 말하면 오키나와 최북단은 도쿠노시마 서쪽에 있는 이오도리시마(硫黃鳥島)이며, 요론지마 서쪽에 있는 이헤야지마(伊平屋島)를 포함해 북위 27도선보다 북쪽에 있다. 이오도리시마는 오키나와에 하나뿐인 활화산도로, 약 600년 전부터 류큐왕국의 수출품 중 하나인 유황을 채굴했으나 1959년 이후부터는 사람이 살지 않는 무인도가 되었다.

류큐호에서 떨어져 나와 오키나와섬 동남쪽 약 500km 태평양 위에 떠 있는 기타다이토지마(北大東島), 미나미다이토지마(南大東島), 오키다이토지마(沖大東島) 등 세 섬도 오키나와현에 포함된다. 덧붙여 말하면, 동지나해 대륙붕 위에 떠 있는 8개 무인도로 이루어진 센

카쿠(尖閣) 제도는 행정적으로 이시가키(石垣)시에 속하며, 야에야마 제도의 일부로 여겨지고 있다. 이곳은 중국이 조어대(釣魚臺)라 부르며 영유권을 주장하고 있는 곳이기도 하다.

오키나와현을 이루는 섬들은 류큐 열도라 불리는데, 사츠난 제도와 아울러 난세(南西) 제도라 칭하기도 한다. 그러나 지질학 또는 지리학 용어를 고려하지 않는다면 이 섬들의 명칭은 그다지 엄밀하게 분류되어 사용되지 않는다. 예를 들어 최근에는 류큐호가 류큐 문화권(아마미 제도 이남)을 가리키는 말로 사용되는 경우도 종종 있다.

오키나와의 기후와 풍토

오스미 제도와 도카라 제도 사이 대략 북위 30도선에서 동물 분포 경계선을 그을 수 있다. 이 선이 와타세(渡瀨)선이다. 북위 30도선 이남에는 검은토끼, 산고양이, 딱따구리, 흰눈썹뜸부기, 도마뱀 등 천연기념물로 지정된 동물과, 세계에서 가장 큰 나방이며 발이 긴 풍뎅이 등 아름다운 나비와 곤충류가 서식하고 있다.

이 섬들의 기후는 한마디로 아열대성 기후이며 테이고, 가쥬마루, 아당, 붓소우제(하이비스커스) 등 갖가지 식물군이 독특한 자연환경을 꾸며내며 풍요를 더해준다. 하얀 모래사장 저편으로는 태평양과 동지나해의 거친 파도를 막아주는 산호책(柵)에 파도가 흰 거품을 내면서 부서지고, 산호초 사이로 가지각색의 열대어가 헤엄치고 있다.

오키나와현 모든 섬의 평균기온은 21.5~23.8℃ 사이이며 가장 춥다는 1월에도 평균기온이 16℃ 전후이다. 물론 눈은 내리지 않으며 얼음도 얼지 않는다. 또 해양성 기후이기 때문에 가장 더운 7월의 평균기온도 27.7~29.1℃인데, 그래도 6월부터 9월까지는 최고기온이 연일 30℃를 웃돈다.

일본에서 벚꽃은 봄을 알리는 대명사지만 오키나와의 벚꽃은 겨울에 핀다. 단 흰색이 감도는 꽃이 피는 야마토의 왕벚나무와 달리, 오키나와 벚꽃은 진한 분홍색이 감도는 벚나무 종류이다. 오키나와에서 벚꽃이 아름답기로 유명한 곳은 오키나와섬 북부에 있는 나고(名護)시이다. 해마다 1월 하순경이면 '벚꽃놀이' 행사가 벌어진다.

류큐 제도에 장마가 걷히고 한여름 땡볕이 내리쬐기 시작할 때, 야마토에서는 남쪽에서부터 조금씩 시차를 두고 장마가 시작된다. 하지만 홋카이도(北海道)에는 장마가 없다. 특히 홋카이도 북부 지역은 아한대에 속한다. 일본 중앙부에 사는 사람들은 아한대부터 아열대까지 다양한 기후가 일본에 존재한다는 것을 의외로 실감하지 못하는 것 같다.

오키나와가 갖는 세 가지 의미

'오키나와'란 말은 세 가지 의미로 쓰인다. 가장 엄밀하게는 오키나와섬(오키나와 본도)을 가리키며, 다음으로 오키나와섬 주변의 모든 섬들(오키나와 제도)을 가리키고, 가장 넓은 의미로는 미야코 군도나 야에야마 군도를 포함한 오키나와현 행정구역 전체를 가리킨다.

오키나와현 행정구역에는 약 40개 유인도가 있고, 130만 명 남짓이 살고 있다(2016년 8월 1일의 추정 인구는 143만 명이다). 오키나와현에서 좀 특수한 곳으로 다이토(大東) 제도(北大東, 南大東, 沖大東)를 꼽을 수 있다. 이 세 섬은 오키나와, 하치죠지마(八丈島) 등에서 이주한 사람들이 개척하여 비교적 역사가 짧다. 오키나와에서 가장 큰 섬은 오키나와 본도로, 현 전체 면적의 약 53%를 차지하며 100만 명이 넘는 사람들이 살고 있다(2012년 현재 현 인구의 90%에 달하는 128만 명이 거주하고 있다). 미군기지도 이 오키나와 본도에 집중되어 있어 섬 면적의 20%가 미군용지다. 두 번째로 큰 섬은 현의 13%를 차지하는 이리오모테(西表)섬이며, 그 다음이 이시가키섬(11%), 미야코섬(6%), 구메(久米)섬(2%)으로 이어진다.

'오키나와'란 말(오키나와 식으로 발음하면 '우치나')은 옛날부터 있었지만, 그것이 오키나와 전 지역의 총칭으로 공식 사용된 것은 1879년(메이지 12) '류큐 처분'에 따라 '오키나와현'이 설치되면서부터다. 그 전의 중국 문헌 등에는 '류큐'로 나와 있다. 그런 의미에서 '류큐'는 '오키나와'의 옛 이름이라고 할 수 있다. 당시 '류큐'는 현재의 오키나와현뿐만 아니라 가고시마현 오시마군까지 포함한 더 넓은 지역을 가리켰다. 현재 행정적으로 가고시마현 오시마군에 속하는 아마미오시마(奄美大島) 등 8개 유인도는 17세기 초 사츠마번(薩摩藩)이 류큐를 침입하기 전까지 고대국가 류큐에 속했기 때문이다. 따라서 문화적으로 류큐 문화권에 속한다. 류큐호라는 말을 류큐 문화권을 가리키는 말로 사용하기도 한다는 것은 앞에서 언급했다. 아마미 제도에는 약 16만 명이 살고 있다.

류큐 문화권과 일본의 접점에 위치해 있는 섬이 도카라 제도이다. 거의 북위 29~30도선 사이에 있는 도카라 제도는 행정적으로 도시마(十島)촌을 구성하고 있는데, 원래는 오시마군에 속했으나 지금은 가고시마군에 편입되어 있다. 도시마촌의 유인도는 7개이며, 인구는 천 명 정도이다.

류큐 문화권을 이루는 섬들은 약 1,000km 해상에 걸쳐 있다. 이 거리는 육지로 연결된 일본 혼슈(本州)의 길이, 즉 맨 북쪽의 아오모리(青森)현에서 맨 서쪽의 야마구치(山口)현에 이르는 거리와 맞먹는다. 그리고 이 섬들은 중국 대륙과 마주보고 있어 나하(那覇)를 중심으로 원을 그리면 도쿄(東京)와 거의 같은 등거리에서 서태평양과 동남아시아 각 지역을 바라볼 수 있다. 일본 맨 서쪽 끝 섬인 요나

구니지마(與那國島)에서는 날씨가 청명한 날이면 대만이 보인다는데,
맨 남쪽 끝섬인 하테루마지마(波照間島)는 대만 타이베이(臺北)보다
더 남쪽에 위치해 있다.

동아시아에서 오키나와가 점하는 위치

| 제 2 장 |
오키나와의 역사와 문화

"

오키나와와 야마토는 정치적으로 각각 독립된 나라였지만, 서로 교류를 통해 문화적으로 공통된 부분을 발전시켜갔다. 그러나 이런 긍정적인 관계는 1609 년 시마즈씨가 류큐를 침입함으로써 종말을 고했다. 사츠마는 아마미 제도를 비롯한 류큐를 착취·수탈함으로써 메이지유신의 중심에 설 만큼의 경제력을 갖출 수 있게 되었다.

"

'원일본인'과 오키나와

언제부터 어떤 문화를 가진 이들이 류큐호의 섬들에 정착해 살게 되었을까?

일본인의 시조가 언제 어떻게 일본 열도에 정착해 살게 되었는지에 대해서는 몇 개의 학설이 있으나, 류큐호에 대해서는 그리 분명하게 알려진 것이 없다. 그러나 나하시 야마시타정(山下町)에서 3만 2천 년 전의 것으로 추정되는 인골[山下洞人]이 발견되었고, 또 오키나와섬 남부 구시가미(具志頭)촌 미나토가와(港川)에서는 1만 5천 년~8천 년 전의 인골이 발견되었다. 여기서 발견된 미나토가와진(港川人)이 곧 '원일본인(原日本人)'이라고 생각되기도 했다.

그렇지만 원일본인이 그대로 현재의 일본인으로 이어진 것은 아니다. 원일본인에 가까운 죠몬진(繩文人)은 대륙에서 건너온 야요이진(彌生人)으로 교체된다. 오키나와에서 죠몬식 토기와 야요이식 토기가 다 발견된 점으로 미루어보아, 죠몬진과 야요이진의 혼합·교체가 있었을 것이다. 또 규슈(九州)의 야요이(彌生)시대 유적에서 아마미 제도 이남의 바다에서만 채취되는 조개팔찌가 발견된 점으로 보아, 꽤 오래 전부터 양쪽 사이에 교류가 있었음을 알 수 있다.

어쨌든 2~3세기부터 5~6세기에 이르는 시기에 야마토와 같은 계통에 속하는 문화를 갖고 온 사람들이 류큐호의 섬들에 살게 되었다고 생각된다. 일본 민족은 구로시오(黑潮)*를 타고 북상한 사람들과 한반도에서 남하해 온 사람들이 섞여 서서히 형성되었다고 생각되므로, 류큐호 섬들에 정착한 사람들도 몇 번에 걸쳐 남하·북상하는 민족이동의 파도에 휩쓸리고 서로 섞이면서 이 섬들에 정착하여 살게 되었을 것이다.

오키나와 언어

많은 언어학자들이 오키나와[류큐] 말은 일본어와 같은 계통이며

---

* 일본 열도를 따라서 태평양 남쪽에서 북쪽으로 흐르는 난류.

일본어 방언 중 하나로 볼 수 있다고 한다. 지리적으로 오키나와와 가까워 역사적으로 교류가 깊었던 중국어와 비교해도 기본적 언어 구성이 다르다. 또 요나구니지마에서 그리 멀지 않은 대만 원주민 족(말레이 폴리네시아어 계통의 민족)*의 언어 등과 비교해봐도 질적으로 달라서 요나구니지마와 대만 사이에 분명한 언어 경계선을 그을 수 있다.

언어학자 중에는 원래 공통의 언어[日本祖語]를 사용하던 사람들이 어느 시점에 갈라진 뒤 각각의 언어를 시대의 흐름에 따라 변화시켜온 결과 현재와 같은 일본 본토(야마토)와 오키나와 언어가 되었다고 보는 이들도 있다. 그 변화를 거슬러 올라가 보면 공통의 언어를 사용하던 집단이 갈라진 것은 3~6세기경으로 추정된다고 주장하기도 한다. 어쨌든 기본 단어, 음운, 문장구성, 문법 등 여러 면에서 판단해볼 때 오키나와 언어가 일본어의 방언임은 정설인 것 같다. 현재 일본어 방언은 〈그림〉과 같이 분류 정리되어 있다.

이런 전문적 연구성과가 우리들이 실생활에서 느끼는 감각과 반드시 일치하지는 않는다. 오키나와 말을 아는 사람에게는 오키나와 말이 일본어 방언 중 하나라는 설명이 실감나고 어느 정도 납득

---

* 대만 원주민족이란 대만의 여러 선주민족에 속한 젊은이들이 대만 원주민 민족해방운동을 추진하는 가운데 "우리들이야말로 대만의 주인공이다"라는 강한 의식을 갖고 여러 선주민족을 통합하는 '자칭'으로 만들어낸 말이다.—저자주

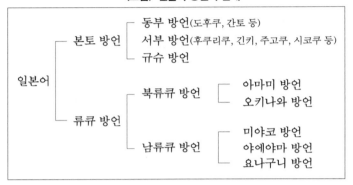

〈그림〉 일본어 방언의 갈래

```
             ┌ 동부 방언(도후쿠, 간토 등)
      본토 방언 ┼ 서부 방언(후쿠리쿠, 긴키, 주고쿠, 시코쿠 등)
             └ 규슈 방언
일본어
             ┌ 북류큐 방언 ┬ 아마미 방언
      류큐 방언 ┤           └ 오키나와 방언
             │           ┌ 미야코 방언
             └ 남류큐 방언 ┼ 야에야마 방언
                         └ 요나구니 방언
```

이 가졌지만, 오키나와 말을 모르는 사람에게는 반드시 그렇지는 않을 것이다.

태평양전쟁 당시 오키나와에서 규슈 지방(특히 남부)으로 잠시 피난 갔던 사람들이 규슈 방언의 억양이나 단어들이 오키나와 말과 상당히 비슷해서 놀랐다는 얘기를 곧잘 들을 수 있다. 규슈 방언과 오키나와, 아마미 말은 꽤 가까운 관계에 있다.

반대로 야마토의 일반 시민들은 텔레비전에서 흘러 나오는 오키나와 민요를 들어도 한 마디도 알아들을 수 없을 것이다. 오키나와 말을 듣고 한국어나 중국어 등의 외국어 같다는 느낌을 받는다고 해도 별로 이상한 일이 아니다. 실제로 일본 본토 방언과 류큐 방언의 차이는 포르투갈어와 스페인어의 차이보다는 크고, 영어와 독일어의 차이에 가까운 정도라고 한다. 그뿐 아니라 류큐 방언 안에도 커다란 차이가 있다.

　나는 나하를 비롯한 오키나와섬 중부 지방과 남부 지방의 말은 거의 다 알아들을 수 있다. 반면 미야코지마 옆 섬인 이라부지마(伊良部島)에 갔을 때, 안내를 맡은 오키나와대학 출신의 청년과 길에서 마주친 그 섬 사람이 나눈 대화에서는 '이라부 개발'이라는 회사 이름밖에 알아듣지 못했다. 그러나 이 정도 차이는 본토 방언 내부에도 존재할 것이다. 같은 계통이라고 해서 반드시 말이 똑같은 건 아니다.

　다만 야마토 말과 오키나와 말 사이에 상당한 차이가 있다고 느끼는 가장 큰 원인은 그 음운에 있다. 예를 들어 현재 일본어(표준어)에는 아(a), 이(i), 우(u), 에(e), 오(o) 등 다섯 가지 모음이 있는데, 오키나와 중부와 남부 말은 16~17세기경에 에(e)가 이(i)로, 오(o)가 우(u)로 변했다. 예를 들어 산(山)을 '야마(yama)', 돌(石)을 '이시(ishi)', 바다(海)를 '우미(umi)'라고 발음하는 것은 같지만, 쌀(米)의 '고메(kome)'는 '구미(kumi)'로, 비(雨)의 '아메(ame)'는 '아미(ami)'로, 마음(心)의 '고코로(kokoro)'는 '구쿠루(kukuru)'로 바뀌었다.

　이 정도는 비교적 단순한 법칙적 변화이기 때문에 쉽게 알 수 있지만, 모음 변화가 자음에까지 영향을 미치는 경우도 있다. 즉 '케(ke)'는 '키(ki)'가 되는 한편, '키(ki)'는 '치(chi)'가 된다. 술(酒)의 '사케(sake)'는 '사키(saki)', 때(時)의 '도키(toki)'는 '두치(tuchi)'가 되는 따위이다.

오키나와(okinawa)를 우치나(uchina)로 발음하는 것도 이런 예에 속한다 (미야코 방언은 모음이 6~7개여서 더욱 알기 어렵다).

　모음과 달리 자음을 보면, 현대 일본어에서 사라진 음과 일본 고어가 류큐 방언에는 많이 남아 있다. 『겐지모노가타리(源氏物語)』*를 당시의 음운으로 낭독하면 류큐 방언과 유사하다는 느낌을 받는다고 하는데, 이것이 류큐 방언과 고어의 관계를 감각적으로 말해주고 있는지도 모르겠다.

오키나와와 일본의 관계

　언어학자 외에 민속학자들도 오키나와 문화에 특히 많은 관심을 보이고 있다. 민중 생활양식이나 민간전승을 연구하여 민족문화의 특질을 밝히고자 하는 민속학자들 사이에서 오키나와는 민속학의 보고(寶庫)로 일컬어져왔다. 오키나와는 일본 기층문화, 즉 일부 정치적 지배층이나 문화적 지도자들이 만들어낸 문화가 아니라 민족의 모체인 서민대중이 일상생활 속에서 키워낸 문화의 특질을 밝

---

*　11세기 초에 무라시키 시키부(紫式部)가 쓴 귀족 사회를 묘사한 장편소설. 일본 고전문학 최고의 걸작으로 평가받고 있다.

히는 데 많은 실마리를 제공하기 때문이다.

민족문화 연구 외에 인간의 피부색이나 골격, 머리카락의 특징 따위를 연구하는 형질인류학자들은 "오키나와에서 보이는 평균적 형질인류학적 특징은 모두 일본인에게서 나타나는 여러 특징 안에 속한다"는 연구결과를 발표했다. 오키나와인은 일본인의 한 지류라는 것이다. 한편 혈청단백질을 분석해 유전자 빈도를 조사하면 오키나와 군도와 야에야마 군도는 일본의 다른 지역과 같지만, 미야코에서는 아이누 민족과 비슷한 수치가 나온다는 결과도 발표되었다.

류큐왕국의 탄생

오키나와 역사에서 가장 큰 특징 중 하나는 일본 국가의 틀 바깥에서 독자적인 국가를 형성했다는 점이다. 불과 약 500년 전 일본의 모습은 지금과 상당히 달랐다. 그때는 홋카이도가 일본에 속하지 않았으며 선주민족인 아이누의 자유로운 천지(아이누모시리)였다. 류큐호 섬들에도 독자적인 국가인 류큐왕국이 형성되어 있었다. 일본은 결코 균질적 단일민족국가가 아닌 것이다.

12세기경 오키나와 각 지역에 아지(按司)라 부르는 호족이 생겨났

다. 호족들이 서로 세력을 다투는 가운데 14세기 중반 오키나와섬
에는 남잔(南山)·쥬잔(中山)·호쿠잔(北山)의 3국이 성립했다. 15세기 초
쇼하시(尙巴志)가 3국을 통일하고 세운 왕조가 '제1쇼씨(尙氏)'이다.
그러나 제1쇼씨는 1469년 쿠데타로 무너지고 제2쇼씨가 탄생했다.
그리하여 16세기 중반 류큐왕국의 영역은 북쪽으로 이마미 제도가
지, 남쪽으로 야에야마 제도와 요나구니지마까지 이르렀다.

류큐국도 18세기 전반 무렵(『天下地圖』 중에서). 영남대박물관 소장.

오키나와 이야기—일본이면서 일본이 아닌

진공무역과 책봉관계

쇼씨가 통일한 류큐왕국은 중국(명나라)과의 진공무역(進貢貿易: 조공무역)을 비롯해 일본, 조선 및 다른 동남아시아 나라들과의 중개무역을 통해 큰 이익을 챙기고, 이를 바탕으로 문화도 크게 발전시켰다.

오키나와가 중국과 진공무역을 시작한 것은 14세기 중반 3국 분립시대부터였다. 1372년 쥬잔왕 삿도(察度)의 소국에 명나라 사절이 와서 원나라를 멸하고 명이 천하를 통일하였음을 알리면서 진상품을 가지고 와서 신하의 예를 갖추도록 재촉했을 때, 이에 응하여 사자를 보낸 것이 진공무역의 시초이다. 남잔 왕과 호쿠잔 왕은 이에 따랐고, 쇼씨도 이를 이어받았다. 50년이 채 안 되는 3국 시대에 쥬잔은 42번, 남잔은 24번, 호쿠잔은 11번이나 명나라에 진공선(進貢船)을 보냈다.

명 황제는 신하로서 진상품을 바친 국왕에 대해서는 진상품의 가치보다 두 배 이상 값나가는 물건을 답례품으로 내려주었다. 또 진공선에는 진상품 외에 무역품도 싣고 갔는데, 이것도 시가보다 비싼 가격으로 사주었다. 이 시기 명나라와의 무역은 신하국으로서 황제국에 진상품을 바치는 기회를 이용하여 이루어졌으므로 '진공무역'이라 일컬어진다.

이런 조공의 예에 대해 중국 측은 국왕이 즉위하면 그로부터 2~3년 후에 책봉 사절을 보내 국왕 취임을 인정하는 절차를 밟았다. 그러나 이는 실제로 중국에게 정치적으로 지배받았음을 의미하는 것이 아니라 어디까지나 형식적인 국제 의례에 지나지 않았다. 쇼씨의 경우도 몇 대인지 책봉(왕위를 인정하는 사령)을 받지 않은 채 왕위에 오르고, 나중에 책봉의 예를 받기도 했다.

책봉관계의 본질적 의미는 어디까지나 경제관계에 있었다. 일본에서도 무로마치(室町) 막부 3대 장군인 아시카가 요시미츠(足利義滿)는 삿도보다 29년이나 늦은 1401년에야 명나라에 조공을 바치고 자신이 일본 국왕임을 인정받았다. 그렇다고 해서 이때 일본이 중국의 속국이었던 것은 아니다. 책봉관계에 근거하여 형성된 중국 중심의 전근대적 동아시아 국제관계는 중화사상 등과 연결되어 근대적 국제관계와는 전혀 다른 성격을 띠고 있었다.

진공무역에서 류큐 측이 중국으로 싣고 간 물건은 말, 유황, 칼 종류, 부채, 병풍, 후추 등의 향신료였으며, 가져온 것은 도자기, 옷감, 철제품 등이었다. 중국으로 가져간 칼 종류와 부채는 일본에서 만든 것이었고 향신료는 동남아시아산이었던 데서 알 수 있듯이, 당시 류큐 무역선의 활동 범위는 일본(사카이, 하카타, 보노츠)뿐만 아니라 조선(부산), 중국(푸저우, 광둥), 베트남, 타이(샴), 말레이시아(말라카), 인도네시아(수마트라), 필리핀(루손) 등 아시아 전 지역에 걸쳐 있었다.

오키나와와 야마토의 교류

14~16세기는 류큐 역사에서 황금시대라 할 만한 대교역시대였다. 그러나 이는 16세기 들어 포르투갈인이 아시아에 진출하면서 차츰 쇠퇴해갔다.

이 시기 문화 면에서 특히 주목을 끄는 것은 '오키나와의 『만엽집(萬葉集)』*이라 불리는 고대 가요집 『오모로사우시(おもろさうし)』 제1권이 일본 민족문자인 가나(がな)문자로 편찬된 일이다(1531).

오키나와에서는 12~13세기경부터 가나문자, 한자, 한자와 가나가 섞인 글을 사용했던 것으로 보이는데, 가장 먼저 전해진 것은 가나문자였다고 한다. 그것은 가나문자가 일본어 방언의 하나인 류큐 말을 표현하는 데 가장 적합했기 때문일 것이다.

반대로 일본 전통음악과 대중예능에서 빼놓을 수 없는 악기 샤미센(三味線)은 15세기 말에 오키나와에서 야마토로 전해졌다. 에도(江戶)시대 중기의 큰 기근 때 농민을 기아에서 구한 고구마도 오키나와에서 야마토로 전해진 것이다. 고구마 재배법은 1605년 노구

---

* 5세기 초부터 759년까지 불리던 시가(詩歌) 4,516수가 이두체(史讀體)로 적혀 있는 일본에서 가장 오래된 시가집. 8세기 후반에 만들어졌다고 한다. 이 무렵 한반도는 삼국이 치열하게 전쟁을 벌이던 격동기여서 많은 사람들이 한반도에서 일본으로 건너갔는데, 그런 면에서 『만엽집』은 한국 고대어와 깊은 관계가 있다고 주장하는 학자도 있다.

니(野國)의 총관(總官)이 중국에서 배워 오키나와로 들여온 바 있었다.

오키나와와 야마토는 정치적으로 각각 독립된 나라였지만, 이렇게 서로 교류를 통해 문화적으로 공통된 부분을 발전시켜갔다. 그러나 이런 긍정적인 관계는 1609년 시마즈(島津: 사츠마번)씨가 류큐를 침입함으로써 종말을 고했다.

사츠마의 류큐 침략

도쿠가와(德川) 막부가 성립된 지 6년 뒤인 1609년, 막부의 허가를 얻은 사츠마(薩摩) 군 3천여 명이 아마미오시마(奄美大島), 도쿠노시마(德之島), 오키노에라부지마(沖永良部島)를 눈 깜짝할 사이에 점령하고 마침내 오키나와섬으로 들이닥쳤다.

이즈음 오키나와는 '예의를 지키는 나라[守禮之邦]'라는 간판을 내걸고 거의 군비다운 군비를 갖추지 않고 있었다. 이미 15세기 말부터 16세기 초에 국왕은 각지의 아지(按司)를 슈리(首里)에 불러 모아 살게 하고, 아지와 부하들의 칼과 화살 등 무기를 모두 거두어들였다. 이는 국내 지배에는 편리했지만, 외적의 침입은 전혀 대비할 수 없게 만들었다.

이런 체제 속에서 오키나와는 일찍이 중국 사서에 "원나라 대군을 해상에서 쫓아냈다"고 적히기도 했던 그 활력을 완전히 잃어버리고 말았다. 국왕의 군대는 워낙 수가 적었던 데다 백 년 가까이 전쟁 경험이 없었기 때문에, 피비린내 나는 전국시대를 겪어온 사츠마 군의 상대가 되지 않았다.

막부가 사츠마의 류큐 침략을 허가한 가장 큰 이유는, 류큐를 이용하여 명나라와 관계를 회복하고자 했으나 류큐 측이 마음대로 움직여주지 않았던 점에 있었다. 도요토미 히데요시(豊臣秀吉)가 조선을 침략한 후 명과 일본의 관계는 단절되고 무역도 금지되었다. 따라서 류큐를 정복한 시마즈씨는 요론지마(與論島) 이남 아마미 제도를 직할식민지로서 분할 지배했지만, 오키나와섬 남쪽에 대해서는 쇼씨의 지배권을 인정한다는 「지행목록(知行目錄)」*을 건네고 형식적으로 류큐왕국을 유지시키는 정책을 썼다. 이는 중국과의 진공무역을 지속하기 위해서였다.

이렇게 해서 오키나와는 실질적으로 시마즈씨의 완전한 속령(屬領)이 되었고, 쇼씨는 오키나와섬 이남의 섬들에만 지배권을 위임받은 시마즈씨의 가신에 지나지 않게 되었다. 그런데도 시마즈씨는 류큐가 독립국인 양 형식을 강조했다. 예를 들어 시마즈씨는 류

---

* 막부(幕府)나 번(藩)이 가신(家臣)에게 봉록으로 토지(영지)를 지급한다고 적은 문서.

큐인이 일본식 풍속을 따르는 것을 금지하고, 중국 사절이 올 때는 사츠마 관리를 나하에서 피난시켰다. 반대로 장군이 바뀌어 류큐에서 에도(江戸)로 경축 사절을 보낼 때는 일부러 중국풍 옷을 입게 하고 사절 일행의 이름도 중국어로 부르게 했으며 식사 예절도 중국식을 강요했다.

일찍이 이 시대는 '일지양속(日支兩屬)' 시대라고도 불렸다. 중국에 공물을 바치는 동시에 사츠마에도 예속되어 있었기 때문이다. 그러나 중국은 오키나와를 정치적으로 지배하지 않았으며 경제적으로도 착취하거나 수탈하지 않았다. 책봉관계는 오히려 작은 나라에게 경제적으로 유리한 의례적 관계였다. 반면 시마즈씨는 정치적으로도 지배하고 경제적으로도 수탈했다. 진공무역 관리권을 장악하여 류큐 왕부(王府)에 바치는 연공미 약 3할을 떼어먹었고, 이후 생산되기 시작한 설탕과 미야코·야에야마 등지에서 나는 명주, 상포(上布: 고급 마직물) 등 특산물을 연공으로 착취하거나 부당하게 싼 가격을 매겨 강제로 사들이는 식으로 빼앗아 갔다.

설탕 생산과 수탈

흑설탕을 예로 들어보자. 오키나와에서는 꽤 일찍부터 사탕수수

오키나와의 사탕수수밭

가 감미식량으로 재배되었다. 1623년에는 기마신죠(儀間眞常)가 중국
에서 제당법을 배워 와서 처음으로 설탕을 생산했다고 전해진다.
당시 설탕은 중국이나 남방 국가에서 수입하는 고가품이었으므로
오키나와의 설탕 생산량은 급격히 늘어났다.

생산된 설탕 중 일부는 조세로, 대부분은 류큐 왕부가 사들여 되
파는 방법으로 사츠마의 손에 넘어갔다. 사츠마는 왕부에게서 오
사카 시장에서 거래되는 가격의 절반도 안 되는 금액으로 설탕을
사들였다. 왕부는 농민에게 사츠마에 파는 가격의 6할 정도로 설탕

을 사들였다. 즉 오사카에서 거래되는 설탕 가격의 3할도 안 되는 몫이 농민에게, 2할이 조금 넘는 몫은 왕부에, 그리고 5할 이상이 사츠마의 주머니에 들어갔던 것이다.

설탕 생산으로 가장 고통 받은 이들은 시마즈씨 직할식민지인 아마미 제도의 농민들이었다. 아마미 제도에서도 18세기 초부터 설탕 수매가 시작되었는데, 18세기 말에는 공물(年貢米)을 전부 설탕으로 내게 했다. 19세기 들어서는 관리가 감시하는 가운데 농민을 마치 노예처럼 강제노동에 동원하여 사탕수수를 재배하게 하고 설탕을 제조한 다음, 생산된 설탕의 전량을 싸게 사들이는 정책을 취했다.

이 때문에 아마미는 쌀과 기타 모든 생활필수품을 가고시마에서 수입해야 했다. 시마즈씨는 아마미 제도의 농민들이 생산한 설탕을 싸게 사들여 오사카 시장에 되파는 방식으로 막대한 이익을 챙겼을 뿐만 아니라, 아마미에서 생산할 수 없게 된 쌀 등 일용 필수품을 비싸게 팔아 이중으로 폭리를 취했다.

막부 말기에 이르면 도쿠가와 막부 중심의 정치·경제조직은 더 이상 기능을 발휘하지 못하게 되고, 각 번(藩)의 재정도 어려워졌다. 물론 산업 발달이 뒤처진 사츠마번도 예외가 아니어서, 빚 때문에 옴짝달싹도 할 수 없는 상태였다. 그에 대한 대책으로 고안해낸 것이 바로 '설탕 전매제'였다. 사츠마는 아마미 제도를 비롯한 류큐를

착취·수탈함으로써 메이지유신의 중심에 설 만큼의 경제력을 갖
출 수 있게 되었다.

제 3 장

근대국가 일본의 성립과 류큐 처분

"

1877년 세이난전쟁을 진압한 메이지 정부는 최종적인 '류큐 처분'에 나섰다. 1879년, 류큐번은 폐지되고 오키나와현이 설치되었다. 메이지 정부가 류큐 처분의 대의명분으로 내세운 것은 민족통일과 근대화였다. 그러나 류큐와 책봉 관계에 있었던 청국이 항의하자, 메이지 정부는 청국이 구미열강에 부여한 통상특권을 일본에게도 인정한다면 사키시마 제도를 줄 수 있다고 제안했다. 사키시마 제도를 주민들까지 한데 묶어 팔아넘기려 했던 이 시도는 결국 흐지부지되었지만, 영토와 국민을 경제적 이익과 맞바꾸려 했던 이 제안은 류큐 처분의 대의명분에 명백하게 위배되는 경제동물적 정책이었다.

"

왕정복고로 이룬 일본 근대화

1853년 7월 우라가(浦賀)에 4척의 흑선(黑船, 구로후네)*이 나타났다. 일
본에 개국을 요구하는 미국 대통령의 친서를 갖고 온 페리(Matthew
Calbraith Perry) 제독의 함대였다. 바로 두 달 전 페리는 류큐에도 들렀
는데, 막부가 끝까지 개국을 거부할 경우 좋은 항구가 있는 류큐
제도를 점령하려는 심산이었다.

250년 동안 쇄국 속에서 태평하게 잠에 취해 있던 일본은 '흑선'
으로 말미암아 잠에서 깨어나 머지않아 메이지유신**을 향해 빠르

---

* 구미제국에서 일본으로 내항한 증기 군함. 이른바 이양선을 일컫는다.
** 19세기 말 막번체제가 붕괴하고 근대 통일국가가 형성되는 일련의 정치사회적 변혁 과
정. 봉건제에서 자본제로 이행하는 격동기로서, 대체로 개항(1860)을 메이지유신의 시작으

게 나아가게 된다. 물론 '흑선'의 압력만으로 일본에 새로운 정치·경제체제가 만들어진 것은 아니다. 봉건적 신분제도와 봉건영주의 할거를 기반으로 했던 막번(幕藩)체제˚는 흑선 출현 이전에 이미 막다른 골목에 다다라 있었고, 도쿠가와 막부의 통제력도 약해져 있었다.

이때 도쿠가와 막부의 자리를 대신 차지하고자 했던 조슈(長州)와 사츠마를 비롯한 '서남웅번(西南雄藩)' 등에게 떠밀려 나온 이가 천황이었다. 봉건적 신분질서에서 상위에 있는 도쿠가와 막부를 타도하기 위해 천황의 권위를 빌릴 필요가 있었던 것이다. 메이지유신 때 활약한 하급 무사들도 같은 생각을 하고 있었다.

이렇게 해서 근세 봉건사회에서는 명목적 존재에 지나지 않았던 천황과 그 측근[公家]들은 정치적으로 상당히 중요한 의미를 갖게 되었다. 근대화 변혁일 터였던 메이지유신이 왕정복고(고대 천황친정親政의 부활)로 나타난 것은 이 때문이다. 근대국가 일본은 천황제 중앙집권국가로 통일된 것이다.

로 보며 끝은 빠르게는 폐번치현(廢藩治縣)이 실시된 1871년, 늦게는 메이지 헌법이 성립된 1889년으로 보는 게 일반적이다. 한국에서는 메이지유신=1868년으로 이해되고 있는데, 1868년은 정치권력이 천황에게 옮겨간 해이다.

* 에도시대의 정치적 지배체제. 막부(幕府)는 각 번(藩)에게 영지를 지급하고, 영주(다이묘大名)는 장군에게 충성을 바치는 대신 농민에게 조세를 받아 번의 지배권을 유지했다.

류큐를 둘러싼 움직임

정치적으로 중앙집권체제를 확립한 폐번치현(廢藩治縣, 1871[메이지 4]), 국가재정의 기초를 확립한 지조개정(地租改正, 1873[메이지 6]), 구 지배계급의 가록(家祿)을 폐지한 질록처분(秩祿處分, 1876[메이지 9])* 등 근대화 과정이 진행되는 동안, 류큐에서는 어떤 일들이 일어나고 있었는가?

사츠마가 조슈와 더불어 메이지 정부의 중추를 차지하게 되자, 이제 그들에게 진공무역 따위는 의미가 없어졌고, 무엇보다 메이지 정부의 위신이 필요해졌다. 류큐를 독립국으로 두는 것보다 근대국가 일본의 판도에 확실히 편입시키는 편이 훨씬 중요해졌던 것이다.

그러나 청국과의 관계를 생각하면, 또 류큐 지배층을 설득하기 위해서도 이 사안은 신중하게 조금씩 추진할 필요가 있었다. 메이지 정부는 전국적인 폐번치현 이듬해인 1872년(메이지 5)에 우선 류큐국(國)을 류큐번(藩)으로, 류큐 국왕을 류큐 번왕으로 격하하여 다른

---

* 폐번치현은 번을 폐지하고 부(府)·현(縣)을 신설했다는 의미다. 이로써 봉건적 지방분권이 막을 내리고 지방행정의 중앙집권화가 이루어졌다. 지조개정은 조세제도를 근본적으로 개혁한 정책이다. 이를 통해 농민의 토지소유권이 법률적으로 확립되었다. 질록처분은 구(舊)봉건 지배층의 경제적 특권을 폐지시킨 것이다.

구(舊)다이묘들과 마찬가지로 화족(華族)*의 일원으로 포함시켰다. 동시에 개국 후 일본에 설치된 각국 공사에게 류큐의 외교사무를 일본 외무성이 담당하게 되었다고 통고했다. 이때 이미 류큐는 도쿠가와 막부와 맺은 것과 같은 내용의 조약을 미국, 프랑스, 네덜란드 등과 맺고 있었기 때문이었다.

개국 전의 류큐

19세기 들어 일본과 류큐 근해에는 미국과 유럽 제국의 군함과 상선, 포경선(捕鯨船) 등이 자주 모습을 나타냈다. 개국 전인 1844년과 1846년, 류큐 근해에 프랑스 군함이 접근해서 오만한 태도로 화친·통상·기독교 포교 등 세 가지를 요구했다. 영국이 청나라와 아편전쟁(1840~1842)을 벌인 직후의 일이었다.

이 사건은 류큐뿐 아니라 사츠마번과 막부에게도 큰 충격을 주었다. 막부는 "류큐는 일본 구역 밖에 있으므로 기독교 포교는 허

---

* 1869년에 만들어진 신분제도의 하나. 1947년에 폐지되었다. 1884년 화족령(華族令)에 따라 공작, 후작, 백작, 자작, 남작의 작위를 신설하고 에도시대 구게(公家), 다이묘(大名)들을 비롯해 국가에 공헌한 정치가, 군인, 관리, 실업가들에게 작위를 부여했다. 이는 식민지정책에도 적극 활용되어 친일파들에게도 작위를 내렸다.

용할 수 없어도 무역은 허용하지 않을 수 없다"는 방침을 정했다. 류큐를 일본에서 잘라내 그곳에서 구미열강의 진출을 저지하려는 고식적인 방법을 취했던 것이다.

한편 막부에게서 이런 방침을 이끌어낸 시마즈씨는 외국들과의 무역이익을 독점했을 뿐만 아니라, 군비강화에도 이를 이용하고자 프랑스와 군함을 사들이는 교섭을 벌이기도 했다. 당시 사마즈씨나 사츠마번 번사(藩士)들은 국가의 이익보다 자기 번의 이익을 우선시했다. 그들에게는 자기 번이야말로 '나라'였다. 일본이라는 국가에 대한 귀속의식과 (일본) 민족의식이 국민들 사이에서 심화된 것은 근대국가 성립 이후 철저한 국민교육을 실시한 결과라고 할 수 있다.

폐번치현과 '류큐 처분'

한편 1871년 류큐를 일본 판도에 편입시키고자 기회를 엿보던 메이지 정부에게 때마침 유리한 사건이 일어났다. 태풍을 만나 조난을 당해 대만에 표류한 54명의 미야코지마 주민들이 대만 원주민족 거주 지역에 잘못 들어갔다가 살해당한 것이다. 살아남은 이들은 중국계 주민에게 구조되어 이듬해인 1872년에야 송환되었다.

이에 메이지 정부는 일본국에 속하는 류큐 번민(藩民)을 살해한 원주민들을 징벌하라고 청국에 요구했고, 청국이 요구를 받아들이지 않자 1874년에는 대만에 군대를 파견해 원주민을 공격했다. 그리고 청국으로 하여금 이것이 정당한 행위였음을 인정하게 했다. 대만 출병은 근대국가 일본의 첫 해외출병이었다.

청국이 대만 원주민족에 대한 일본의 징벌 행동을 인정하자, 메이지 정부는 청국이 류큐를 일본 영토의 일부로 인정한 근거라고 간주하여 류큐 처분을 적극 추진하게 되었다. 1875년 메이지 정부는 류큐에 대해 청과의 책봉·진공관계를 금지시키고 번을 일반 부(府)·현(縣)으로 개정할 것을 요구했다. 류큐 지배층인 사족(士族)*들은 이 요구를 거절했는데, 이를 받아들일 경우 자신들의 지배체제가 무너지기 때문이었다.

그 후 1876년, 일본에서는 질록처분이 개시되어 구지배층 사족의 봉건적 신분에 근거한 경제적 특권, 즉 가록(家祿)을 폐지하고 폐도령(廢刀令)을 내리는 등 근대화가 진행되었다. 사츠마 사족은 이에 반발해 1877년 세이난(西南)전쟁**을 일으켰다. 그러나 용맹을 자랑하

---

* 메이지유신 이후 구(舊)무사계급에게 주어진 신분계층의 호칭. 1872년 정부는 전 국민을 황족, 화족, 사족, 평민으로 나누었다. 1947년 새 헌법 제정에 따라 폐지되었다.
** 메이지 정부의 새로운 정책에 불만을 가진 사족들은 메이지 초기에 잇달아 반란을 일으켰다. 세이난전쟁은 가장 규모가 컸던 최후의 반란이다.

세이난전쟁 사이고 다카모리가 이끄는 반란군과 오쿠보 도시미치가 이끄는 근대화된 관군의 전투 장면을 그린 그림이다.

던 사츠마 사족이 평민도 섞여 있던 메이지 정부의 근대적인 군대에 패하고 만다. 이 사건은 시대의 변화를 상징하는 것이었다.

이렇게 해서 메이지유신기의 최대 무장반란을 진압한 메이지 정부는 바야흐로 최종적인 '류큐 처분'에 나섰다. 1879년, 처분관인 마츠다 미치노리(松田道之)는 160명의 경찰관과 400명의 군인을 이끌고 오키나와에 건너와 류큐번을 폐지하고 오키나와현을 설치했다.

메이지 정부가 류큐를 처분할 때 대의명분으로 내세운 것은 민족통일과 근대화였다. 그러나 이는 류큐 구(舊)지배층에게 봉건적 신분에 따른 사회·경제적 특권의 폐지를 의미했다. 사츠마 사족처럼 무장반란을 일으킬 수 없었던 그들은 청국의 지원을 기대했다. 류큐와 책봉관계에 있었던 청국에게도 일본이 일방적으로 류큐를 처분해버린 것은 불쾌한 사건이었다.

청국의 항의에 대해 메이지 정부는 청국이 구미열강에 부여한 것과 같은 통상특권을 일본에게도 인정한다면 사키시마 제도를 청에게 나눠줄 수 있다는 '분도(分島)·개약(改約)안'을 제안했다. 미야코지마 주민 살해사건을 대만 출병의 구실로 삼았으면서 그 미야코지마가 포함되어 있는 사키시마 제도를 주민들까지 한데 묶어 중국 측에 팔아넘기려고 했던 '분도·개약안'은 결국 흐지부지되었다. 경제적 이익과 사키시마 제도를 맞바꾸려 했던 이 제안은 류큐 처분의 대의명분인 민족통일에 명백하게 위배되는 일본의 경제동물적 정책이었다.

구습온존 정책

더욱이 메이지 정부는 근대화를 표면에 내세워 류큐 사족의 반대를 무릅쓰고 류큐 처분을 단행한 지 얼마 지나지 않아서, 근대화

청일전쟁

정책을 180도 전환해 '구습온존(舊習溫存)' 정책을 실시한다고 밝혔다. 구습온존, 즉 낡은 제도와 관습을 당분간 유지한다는 이 정책은 분명 류큐 구(舊)지배층을 회유하는 것이 주된 목적이었다. 이 때문에 오키나와에서는 개인의 토지소유권을 인정하여 그 땅값에 조세[地租]를 부과하는 '지조개정'과 구지배층의 금록(金祿) 지급을 폐지하는 '질록처분'도 뒤로 미루어졌다.

지조개정은 청일전쟁(1894~1895) 이후 구습타파를 요구하는 농민운동에 힘입어 토지정리라는 이름으로 실시되었지만(1895~1903), 질록처분은 1910년이 되어서야 실시되었다. 즉 근대국가 일본 속에서 류큐 구(舊)지배계급인 사족들만이 폐번치현 이후에도 30년 동안 메이지 정부에게서 봉건적 신분에 따른 금록을 지급받았던 것이다. 이 때문에 오키나와의 근대화와 여러 제도개혁이 상당히 늦어져 갖가지 왜곡된 모습을 남기게 되었다. 그 한 예가 중의원 선거이다.

중의원 선거 실시를 늦추다

일본에서는 1889년(메이지 22) '대일본제국 헌법'이 공포되어 천황제 중앙집권국가로서 근대국가가 완성되었다. 대일본제국 헌법은 천황이 국민에게 내려준 헌법이다. 같은 해 중의원(衆議院) 선거법도 제정되어 이듬해인 1890년에는 제1회 중의원 선거가 실시되었다.

그러나 오키나와에서는 중의원 선거가 실시되지 않았다. 당시는 국세 15엔을 낸 사람에게만 유권자 자격을 주었는데, 오키나와에서는 지조개정과 질록처분이 실시되지 않은 상태였으므로 누가 얼마나 세금을 내고 있는지 분명하지 않았다. 토지는 공동체 소유여서 세금도 공동책임으로 내고 있었다.

중의원 선거에 오키나와가 참여한 것은 질록처분(1910) 이후 실시된 1912년 제11회 중의원 선거 때부터였다. 그러나 이때는 사키시마 제도가 선거 대상 지역에서 제외되어 있었고, 의원 수도 2명에

불과했다. 미야코·야에야마를 포함한 오키나와 전 지역에서 중의
원 선거가 실시되고 의원 수가 5명으로 늘어난 것은 1920년 제14회
중의원 선거부터였다. 이때가 되어서야 비로소 오키나와의 모든
법률제도는 '본토 수준'이 되었던 것이다.

그런데 대일본제국 헌법에 근거하여 설립된 제국의회는 귀족원*
과 중의원 2원제였다. 귀족원은 이름 그대로 특권계급의 아성으로
서 중의원을 감시하는 입장에 있었다. 오키나와에서 선출된 의원
이 중의원에 참가한 것은 앞에서 적은 것처럼 1912년부터지만, 귀
족원에는 설립 초부터 후작 작위를 받았던 마지막 류큐 국왕인 쇼
타이(尚泰)가 종신의원으로 참가하고 있었다. 또 쇼타이의 넷째 아
들인 남작 쇼준(尚順)은 같은 지위를 가진 사람들끼리 서로 뽑는 호
선(互選)으로 1904년부터 1915년까지 2기에 걸쳐 14년간 귀족원 의
원을 지냈다.

전후 불황과 출가(出稼) 노동

오키나와 전 지역에 걸쳐 '본토 수준'의 제도가 실시된 시기는

---

* 1889년에 창설되어 황족, 화족, 칙임(勅任)의원으로 구성되었으며 1947년에 폐지되었다.

때마침 제1차 세계대전 이후 '전후 불황기'에 해당했다. 제1차 세계대전에서 전쟁터가 된 유럽 여러 나라들이 생산력을 회복해 세계시장에 상품이 흘러넘치기 시작하자, 전쟁 호경기에 열광해 있던 일본 경제는 위협을 받게 되었다. 당시 일본 도호쿠 지역 농촌에서는 딸을 팔아넘기거나 굶어 죽는 일이 많았다. 남쪽 변경지대인 오키나와 농촌도 '소철지옥'을 겪었다. '소철지옥'이란 유독식물인 소철의 독을 뺀 다음 전분으로 만들어 먹는 지경에 이르렀다는 의미다.*

가난한 농민들은 피폐한 농촌을 떠나 오사카 주변이나 게이힌(京浜) 공업지대로 일자리를 찾아 몰려들었고, 더 멀리는 하와이나 남미, 태평양까지 돈벌이를 찾아 떠났다.

섬 밖으로 나간 사람들 중 대부분은 낯선 타향에서 먹고 살기 위해 출신 지역별로 집단을 이루어 생활하면서 밑바닥 노동에 종사했다. 타향에서 한데 모여 살며 산신(三線)을 퉁기면서 향수를 달래던 오키나와 사람들의 모습은, 오키나와 역사와 문화를 모르는 이들에게는 알아듣지 못하는 말을 나누는 이민족 집단으로 비치기도 했다. 그 때문에 일종의 민족차별 같은 감정을 드러내는 일도 종종

---

* 너무나 굶주린 나머지 채 독이 가시지 않은 소철 전분을 먹고 죽어가는 일이 허다해 '소철지옥'이란 말이 생겨났다고 한다.

있었다. 17세기 초 시마즈의 직할식민지가 되었다가 메이지유신 때 가고시마현 오시마(大島)군에 속하게 된 아마미 제도 주민들에게도 사정은 마찬가지였다.

오키나와현의 피폐한 상황에 대처하기 위해 1932년에는 '오키나와 진흥 15년 계획'이 책정되기도 했지만, 이는 전시체제로 이행하는 와중에 유명무실해졌고, 계획의 1/5도 채 실시되지 않은 상태에서 오키나와전이 시작되었다.

제 4 장

오키나와전
─ 대일본제국의 종착역

“

미군이 상륙한 이튿날, 요미탄촌 치비치리 가마에 숨어 있던 주민들이 집단자결을 결행, 82명이 희생되었다. "살아서 포로의 굴욕을 당하지 말라"는 전진훈(戰陳訓)이 민중들 사이에 침투한 결과였다. 반면 일본군 패잔병들은 '만세 돌격'을 감행하여 옥쇄하는 종래의 패턴을 버리고 남쪽으로 달아났다. 그것은 오키나와전이 '본토 결전'을 위해 최대한 시간을 벌고 '천황제를 지키는' 조건으로 평화교섭의 길을 모색하기 위한 '사석 작전'이었기 때문이다. 일본군은 죄 없는 주민을 희생시키는 한이 있어도, 하루라도 더 오래 미군을 오키나와에 붙잡아 둘 필요가 있었다.

”

일본의 해외확장정책

미야코지마 주민 살해사건을 구실로 대만에 출병한 이듬해인 1875년, 메이지 정부는 조선의 수도 한성(漢城)에서 가까운 강화도에 군함을 파견하여 쇄국정책을 펴고 있던 조선에 개국을 강요했다(운요호 사건). 이때 구미열강도 조선에 개국을 요구하고 있었는데, 일본은 재빨리 이를 알아차리고 그 첨병이 되어 페리의 포함외교와 똑같은 군사행동을 취했던 것이다. 곧이어 청국과 한반도 지배권을 다투는 청일전쟁(1894~1895)을 일으키고, 그 10년 뒤에는 남하하는 러시아와 충돌하여 중국 동북부(만주) 지역까지 세력을 확대해갔다. 러일전쟁(1904~1905)에서는 일본이 승리하여 구미열강의 지배와 압박에 고통 받던 아시아 여러 민족에게 커다란 자극을 주었지만, 사실 이 승리는 러시아의 세력 확대를 저지하려는 영국의 지지와 후원에 힘입은 것이었다.

그로부터 다시 10년 뒤, 유럽을 주된 전장으로 삼았던 제1차 세계대전(1914~1918)이 발발했다. 이 전쟁은 독일의 급속한 자본주의 발전을 우려한 영국이 프랑스와 러시아를 끌어들여 이를 저지하려 한 데 큰 원인이 있었다. 일본은 영일동맹에 근거하여 독일에 선전 포고를 하고 중국에서 독일이 차지하고 있던 이권을 빼앗았을 뿐 아니라, 영국·독일·프랑스·러시아 등이 아시아를 돌아볼 여유가 없어진 틈을 타서 중국을 독점 지배하기 위해 21개조에 이르는 요구를 중국에게 들이댔다.

그것은 사실상 중국을 일본의 보호국으로 만들려는 것이었으므로 중국 민중의 큰 반발을 샀다. 뿐만 아니라 유럽의 여러 나라들과 미국도 일본에 대한 경계를 강화하기 시작했다(1910년에는 이미 조선을 합병했다). 이 때문에 일본은 21개조 요구를 대폭 수정하지 않을 수 없었지만, 중국에서 일본의 이권은 눈에 띄게 확대 강화되었다. 동시에 중국 민중의 항일·반일 기세는 이를 계기로 드높아갔다. 1912년 중국에서는 청이 무너지고 중화민국이 성립되었다.

제1차 세계대전은 제국주의 단계에 이른 자본주의 제국의 모순이 전면적인 이해 쟁탈전의 형태로 폭발한 것이다. 이 전쟁 말기(1917)에는 후진 자본국으로서 많은 모순을 안고 있던 러시아에서 사회주의를 지향한 혁명이 성공해 소비에트 연방이 탄생했다.

만주국 건설과 확대

유럽이 주된 전장이 된 이 전쟁에서 어부지리를 얻은 일본과 미국에도 전후 불황의 물결이 덮쳤고, 이는 결국 세계대공황으로 확산되었다. 일본은 이런 상황 속에서 자원과 시장을 찾아 중국 대륙의 지배권을 확대하려는 경향을 점점 강화해 나갔다.

1931년 9월, 만주에 주둔하고 있던 일본 관동군은 펑톈(奉天)에서 가까운 류탸오후(柳條湖) 부근에서 일본이 부설 중이던 남만주 철도를 폭파하고는 이를 중국군의 짓이라고 뒤집어씌워 중국군을 공격, 만주 전역을 점령했다(만주사변, 9·18사변). 그리고 이듬해인 1932년 3월, 일본은 청나라 마지막 황제 푸이(溥儀)를 등에 업고 괴뢰국가 만주국을 세웠다. 이곳에 오족협화(五族協和)*의 낙토를 건설한다면서 일본에서도 많은 이주자를 보냈다. 마치 이스라엘이 팔레스티나 전 지역을 점령해 아랍인을 내몰고 계속해서 이주지를 건설·확

---

* 괴뢰국가 만주국을 '이상국가'로 선전하기 위해 일본이 내세운 구호. 5족은 한(漢)족, 만주족, 몽골족, 조선 민족, 일본 민족을 가리킨다.

대한 것과 같다.

전후 40년이 지나서야 중국 잔류 고아·부인 문제가 크게 보도되었는데, 그들은 일본이 전쟁에 졌을 때 만주 땅에 버리고 온 사람들이었다. 만주국의 건설·확대로 국제사회에서 비난이 쏟아지자 일본은 국제연맹을 탈퇴하고 고립화의 길을 걸었다.

태평양전쟁의 시작

1937년 7월, 베이징 교외 루거우차오(蘆溝橋)에서 야간훈련을 하고 있던 일본군 머리 위로 소총탄이 날아와 군인 한 명이 일시 행방불명되는 사건이 일어났다. 일본군은 이 사건을 구실로 가까이 있던 중국군에 공격을 가했다. 화베이(華北) 일대로 세력권을 확대하려는 의도였다. 그러나 이 행위에 대한 중국 민중의 반발은 이전보다 한층 더 격렬했다. 이때까지는 외부의 적인 일본군보다 내부의 적인 공산군과 싸우는 것을 우선시했던 국민당의 장제스(蔣介石)도 민중의 항일 기세에 눌려 일본군에게 철저히 저항하게 되었다.

전쟁이 중국 전 지역으로 확산되자, 중국 대륙에서 자신들의 이권을 위협받게 된 미국과 영국은 장제스를 지지하는 한편 일본과 대결할 태세를 갖추고 경제봉쇄를 강화했다. 이 봉쇄망을 타파하기 위해 일본 지도자들이 죽을 각오로 결단한 것이 미국과 영국에 대한 선전포고(태평양전쟁)였다.

이렇듯 일본은 밖으로는 오직 전쟁 확대의 길로 치달았으며, 안으로는 천황 신격화를 추진해 천황제나 자본주의(사유재산제)를 비판하는 사상과 운동을 심하게 탄압했다. 이런 사상과 운동을 단속하기 위해 1925년에는 악명 높은 '치안유지법'이 제정되었다. 반대로 천황제를 근거로 한 일본 민족의 우월성을 강조하고 천황의 적자(赤子)인 국민이 천황을 위해, 또는 국가와 민족을 위해 목숨을 바치는 것은 아주 당연한 일이며, "천황·국가·민족의 존립과 발전을 위해서라면 국민 한 사람의 목숨 따위는 새의 깃털보다 더 가벼운 것"이라는 교육을 철저히 시켰다.

당시 일본에서는 일본이 미·영과 벌였던 전쟁을 '대동아전쟁'이라 불렀다. 구미열강의 지배에서 아시아를 해방시켜 일본을 맹주로 하는 '대동아 공영권'을 확립하는 것이 전쟁의 목적이라고 선전되었다. 전쟁 초기 일본은 전격적으로 태평양 전 지역을 자기 세력권 아래 넣었다.

아시아 지도자들 중에는 아시아 해방을 외치는 일본에 기대를 걸거나 식민지 지배에서 독립하는 데 일본의 군사력을 이용하려던 사람도 있었다. 그러나 실제로 일본 군정이 들어서고 보니 현지 민중의 이익이나 심정은 무시하고, 무엇보다 먼저 일본의 이익만 추구하며, 일본적 가치관—예를 들어 천황 숭배 따위—을 강요했다. 당연히 현지 민중들은 강하게 반발했다.

이윽고 국력(생산력)에서 일본과는 비교가 안 될 정도로 앞서 있던 미국이 태세를 점검하고 반격에 나서 태평양의 섬을 하나씩 점령하고 일본 본토로 진격해 왔다. 미국이 일본 본토를 공략하는 발판으로 삼은 것이 바로 오키나와섬이었다. 오키나와섬은 일본에게도 본토 방어를 위한 최후의 방파제였다.

전쟁터가 된 오키나와

1945년 3월, 오키나와섬 주변에 약 1,500척의 미군 함대가 집결했다. 25일에는 일제히 포격과 폭격이 시작되었다. 이때 들이닥친 미군은 지상 전투부대만 18만 명이나 되었고, 해군부대와 후방 보급부대까지 합하면 54만 명에 달했다고 한다. 그에 비해 일본 수비대는 대략 10만 명이었으며 그중에서도 약 1/3은 오키나와 현지에서 징집한 보조 병력이었다.

4월 1일, 미군은 오키나와섬 동해안의 요미탄(讀谷)촌부터 자탄(北谷)정에 걸친 지점에 상륙했다. 곧이어 오키나와섬을 반으로 나누어 한 패는 북상하고 다른 한 패는 남하하는 작전이 개시되었다.

오키나와섬에 상륙한 미국 군함 1945년 4월, 미군은 오키나와섬 동해안에 상륙해 남과 북 두 갈래로 진격했다. 사진은 『류큐신보』 제공.

미군이 상륙한 이튿날, 미군에 포위된 채 요미탄촌 치비치리 가마에 숨어 있던 주민들이 집단자결*을 결행, 82명이 희생되었다. 오키나와섬에 앞서 미군이 상륙했던 게라마(慶良間) 제도에서도 집단자결이 있었다.

가족끼리 주민끼리 서로 죽고 죽이는 비참한 이 집단자결은 "미군 포로가 되면 여자들은 능욕 당하고 남자들은 사지가 찢겨 죽임

---

* '가마'란 오키나와 말로 '자연동굴'을 뜻한다. 여기서 '자결'은 자발적 의지에 근거한 행위가 아니라 군대의 압도적인 힘을 배경으로 유도된 것이었다. 태평양전쟁 당시 집단자결 사건은 거의 예외 없이 군대와 주민이 섞여 있던 지역에서 발생했다.

치비치리 가마 입구　　영령을 위로하는 마음을 담은 종이학이 장식처럼 걸려 있다.
사진 옮긴이 제공.

을 당한다"고 철저히 반복학습된 결과였다. 또한 "살아서 포로의
굴욕을 당하지 말라"는 전진훈(戰陳訓)이 민중들 사이에 침투한 결
과였다.

　　집단자결은 제2차 세계대전 이전 일본의 모습, 나아가 근대국가
일본의 왜곡된 모습을 상징하는 사건으로서, 이러한 일은 비단 오
키나와전에서뿐만 아니라 패전 이후 군인들에게 버림받은 구(舊)만
주 지역 거주 일본 개척단 주민들 사이에도 일어났다.

　　치비치리 가마에서 가까운 시무쿠 가마에도 많은 사람들이 피난

해 있었지만, 여기서는 한 사람도 희생되지 않았다. 시무쿠 가마에는 하와이에 돈 벌러 갔다 온 노인이 두 명 있었는데, 그들이 자신들의 경험에 비추어 '귀축미영(鬼畜米英)'*이라는 히스테릭한 구호에 의심을 품고 주민을 설득해 미군에 투항시켰기 때문이다.

한편 일본군 주력부대는 기노(宜野)만(灣) 가카즈(嘉數) 고지에서 우라소에(浦添)시 마에다(前田) 고지까지의 구릉지대에 지하진지망을 치고 남하하는 미군을 기다리고 있었다. 가카즈 고지에서 슈리(首里)에 이르는 약 10km 영역이 오키나와전의 주된 전장이었다. 여기서는 문자 그대로 미·일 양군의 밀고 밀리는 사투가 계속되었다. 미군이 이 10km를 돌파하는 데만 약 50일이 걸렸을 정도였다. 이 중부전선 전투에서 일본군은 병력의 70% 정도를 잃었고, 5월 말경에는 슈리성 지하사령부조차 지킬 수 없게 되었다. 여기서 오키나와전의 승패가 가려졌다.

'항복은 수치'라고 배운 일본군은 사령부를 사수할 수 없게 될 경우 '만세 돌격'을 감행하여 옥쇄(玉碎)**하는 것이 종래의 전투 패턴이었다. 그러나 오키나와전에서 일본군은 사령부를 버리고 패잔병들을 끌어 모아 남쪽으로 달아났다. 그것은 오키나와전이 '본토 결

---

* 태평양전쟁 당시 일본 국민들에게 주요 교전국이었던 미국과 영국을 피도 눈물도 없는 잔혹한 귀축(鬼畜)에 빗대어 격멸해야 할 대상으로 교육하기 위해 만들어냈던 구호.
** 죽을 각오로 싸우는 행위. 제2차 세계대전 말의 가미가제 자살특공대가 그 한 예이다.

오키나와전 당시 미 해병대에 사로잡힌 일본인 포로들

전'을 위해 최대한 시간을 벌고, 또 운이 좋으면 '천황제를 지키는' 조건으로 평화교섭의 길을 모색하기 위한 '사석(捨石) 작전'이었기 때문이다. 일본군은 죄 없는 주민을 희생시키는 한이 있어도, 하루라도 더 오래 미군을 오키나와에 붙잡아 둘 필요가 있었던 것이다.

남부에 있는 많은 '가마'들은 주민들의 피난 장소였다. 거기에 일본군들이 들이닥쳤다. 주민들 중에는 가마에서 쫓겨나거나 저항하다가 스파이로 몰려 죽임을 당한 사람도 있었다.

6월 22일, 일본군 사령관은 오키나와섬 맨 남쪽 끝 마부니(摩文仁)까지 밀려나 끝내 그곳에서 자살했다. 그러나 사령관이 죽었다고 오키나와전이 끝난 것은 아니었다. 사령관은 죽기 직전에 "이제부터 살아남은 직속상관의 지휘 아래 마지막 한 사람까지 싸우라"고 명령했기 때문이다.

오키나와전에서는 본토 출신 군인 약 6만 5천 명과 오키나와 출신 군인 약 3만 명, 그리고 약 9만 4천 명의 민간인이 희생되었다. 그 외에 군부(軍夫, 군대에서 허드렛일을 하는 인부) 또는 종군 '위안부'로서 한반도에서 강제연행되어 온 만 명 남짓한 이들이 희생되었다고 하는데, 그 정확한 수는 아직도 밝혀지지 않고 있다.

이처럼 오키나와전에서는 군인보다 훨씬 더 많은 수의 민간인이 희생되었고, 결국 본토 결전은 없었다. 히로시마(廣島)와 나가사키(長崎)에 원자폭탄이 투하되고 소련이 참전하자, 일본은 포츠담선언을 수락하고 연합군에 항복했다.

| 제 5 장 |
전후 일본의 '번영'과 오키나와 분리

"

미군이 새로운 지배자일 뿐 결코 '해방군'이 아니라는 사실이 분명해지는 데는 그리 오랜 시간이 걸리지 않았다. 동시에 패전 이후 다시 태어난 일본이 오키나와를 미군의 지배하에 둔 채 독립하려 하고 있음도 분명해졌다. 오키나와에서는 "평화헌법 아래로 복귀"라는 구호를 내건 일본 복귀운동이 일어났지만, 미·일 양국 정부는 오키나와 민중의 의사를 완전히 묵살하고 대일평화조약 제3조에 따라 오키나와를 반영구적으로 일본에서 분리하기로 결정했다. 그렇게 오키나와는 제2차 세계대전 이후 일본에서 분리되어 미군의 지배하에 놓이게 되었다. 그로써 미국은 언제든 자유롭게 오키나와에 기지를 설립하고 마음대로 활용할 수 있게 되었다.

"

미군 통치하에 놓인 오키나와

18만 대군을 이끌고 오키나와섬에 상륙한 미군 사령관 버크너 (Simon B. Buckner) 중장(6월 18일 오키나와 전투에서 전사)은 전쟁 초기 단계인 4 월, 일기에 다음과 같이 적었다. "중국 대륙의 통로로서 러시아 확 장주의에 대항하는 거점으로서 오키나와를 '보호령' 또는 다른 명 목을 붙여서라도 배타적으로 지배하는 것이 불가결하다."

미국이 동맹국인 소련과 함께 나치 독일을 협공하던 단계에서 더 나아가, 이미 미 군부 내에서는 소련을 제2차 세계대전 이후 새 로운 가상 적국으로 상정하는 세계전략 구상이 움트고 있었던 것 이다.

제2차 세계대전이 끝난 직후 미국은 태평양 전 지역에서 자국과 패권을 다툰 일본을 비무장 국가로 만들려는 생각을 가지고 있었다. 그러나 종전 이후 미·소 대립의 격화가 예상되는 가운데 일본을 미국의 영향력하에 두기 위해서는 오키나와를 일본에서 떼어내 미군의 군사적 요새로 만드는 것이 중요하다고 판단하게 되었다. 따라서 미군을 중심으로 한 연합군이 일본 전역을 점령하고 있었는데도, 오키나와만은 일본에서 따로 떼어 미군의 단독 지배 아래 두었다.

연합군 최고사령관 맥아더(Douglas MacArthur) 원수가 이런 생각을 처음 표명한 것은 1947년 6월이었다. 맥아더의 발언에 아첨이라도 하듯, 쇼와(昭和) 천황은 "미국이 오키나와를 25년이나 50년, 또는 그 이상에 걸쳐 지배하는 것은 미국에게 이익이 될 뿐 아니라 일본에게도 이익이 된다"는 뜻을 연합군 총사령부(GHQ/SCAP, 약칭 GHQ) 측에 전했다.

1948년부터 1949년에 걸쳐 미국 정부는 오키나와를 분리 지배한다는 군부의 구상을 승인했다. 그러나 이때 군부의 생각은 한 발 더 앞서가고 있었다. 1949년 7월 4일, 맥아더는 미국 독립기념일에 즈음하여 "일본은 공산주의에 대한 방패"라는 성명을 발표했다.

일본을 반공의 방패로 삼는 미 군부의 정책에는 세 기둥이 있었다. 첫째 일본을 재무장시키는 것, 둘째 일본 전 지역을 미 군사기지로 자유롭게 사용하는 것, 셋째 일본에서 오키나와를 분리해 세계전략의 거점으로 지배하는 것이었다.

1950년 6월에 발발한 한국전쟁 과정에서 이런 정책들이 구체화되었다. 일본 재무장은 1950년 8월 경찰예비대령의 발포로, 일본 전 지역의 기지화는 미·일 안보조약으로, 오키나와의 분리 군사지배는 대일평화조약 제3조로 구체화되었다. 경찰예비대는 그 2년 뒤인 1952년에 안보대로, 1954년에 자위대로 명칭을 바꾸어 현재에 이르고 있다. 미·일 안보조약과 대일평화조약은 1951년 9월에 체결되어 1952년 4월 28일자로 효력이 발생했다.

한편 한국전쟁은 패전국 일본에 커다란 경제적 이익을 가져다주었다. 유엔군의 이름으로 한국전쟁에 개입한 미군이 필요로 하는 물자와 서비스를 제공함으로써, 일본 경제는 제2차 세계대전의 패배로 피폐해 있던 상황을 단숨에 회복하고 소생하였다. 이런 상황을 가리키는 '조선특수'나 '조선붐' 같은 단어도 생겨났다.

태평양전쟁 때 미군의 폭격으로 심한 타격을 입었다고는 하지만, 일본은 그 당시 아시아 유일의 공업국이었다. 이런 일본을 후방 병참기지로 삼음으로써, 미국은 상당히 저렴한 비용으로 효율적인 전쟁을 치를 수 있었다.

그런 의미에서 한국전쟁은 제2차 세계대전 이후 미국과 일본의 상호의존관계를 실증한 사례이기도 했다. 제2차 세계대전 이후 미국이 일본을 패전국으로 취급하지 않고 편리한 동맹국으로 대우한 것이 결과적으로 일본에 '번영'을 가져다주었다고 할 수 있다. 그러나 이 '번영'의 그늘에는 한반도와 인도차이나반도에서 전쟁에 희생당한 한국과 베트남의 수십 수백만 민중이 존재하고 있음을 부정할 수 없다. 그리고 오키나와 역시 그 '번영'의 그늘에 있었다.

오키나와전이 끝나고 얼마 지나지 않아, 제2차 세계대전 이전에는 치안유지법을 근거로 탄압받던 사회주의자들을 중심으로 '오키나와 독립론'이 제창된 적이 있었다. 이들은 미 점령군을 새로운 '지배자'가 아니라 일본 군국주의에서 오키나와를 해방시켜준 '해방군'으로 규정하고, 그 해방군과 협력하여 민주적인 오키나와를 건설하고자 했다(점령군을 해방군으로 보는 시각은 일본 본토의 감옥에 투옥되었던 정치범들 사이에도 존재하고 있었다). 한편 제2차 세계대전이 끝나고 바로 일본 본토와 일체가 되지 않으면 오키나와의 장래 발전은 기대할 수 없다는 복귀사상도 확실히 뿌리를 내리고 있었다. 이런 상반된 사고방식이 역사의 고비에 뒤섞여 대두되었다는 점이야말로, 일본이면서도 일본이 아닌 오키나와의 독자적인 역사를 반영해 보여준다.

어쨌든, 미군은 새로운 지배자일 뿐 결코 '해방군'이 아니라는 사실이 분명해지는 데는 그리 오랜 시간이 걸리지 않았다. 동시에 대일강화(對日講和)의 움직임도 구체화되어, 패전 이후 다시 태어난 일본이 오키나와를 미군의 지배하에 둔 채 독립하려 하고 있음도 분명해졌다.

그런 상황에서, 1951년 9월 대일강화회의를 앞두고 오키나와에서는 "평화헌법* 아래로 복귀"라는 구호를 내건 일본 복귀 운동이 일어나기 시작했다. 그러나 미·일 양국 정부는 오키나와 민중의 의사를 완전히 묵살했고, 대일평화조약 제3조에 따라 오키나와를 반영구적으로 일본에서 분리하기로 결정했다.

그렇게 해서 오키나와는 제2차 세계대전 이후 일본에서 분리되어 미군의 지배하에 놓이게 되었다. '오키나와 분리 지배'는 애초부터 '비무장국가 일본'과 한 세트였다. 이제 미·일 안보조약에 따라 일본 전 지역을 미군기지로 사용할 수 있게 된 이상, 미국은 오키나와 민중의 희망대로 오키나와가 일본에 반환된다고 해도 계속 이곳에 기지를 둘 수 있을 터였다.

미군의 오키나와 지배 목적

그런데도 미국이 오키나와를 일본에서 분리하여 계속 지배하려 했던 이유는, 미·일 안보조약에 근거한 기지와는 다른 역할을 오키

---

* 1947년에 제정된 현재의 일본국 헌법을 가리킨다. 헌법 제9조에서 '국제분쟁을 해결하는 수단으로서 전쟁을 포기하고 육·해·공군·기타의 전력을 보유하지 않으며 국가의 교전권을 인정하지 않는다'고 규정한 점을 강조하여 '평화헌법'이라 불리고 있다.

나와 기지에 부담시키기 위해서였다. 그 다른 역할이란 다음의 두 가지였다.

하나는 오키나와를 자유롭게 사용할 수 있는 기지로 확보해두고자 한 것이었다. 미·일 안보조약은 일본이 미국에 부탁하여 기지를 두는 형식을 취하고 있지만, 가령 미군이 핵무기를 들여오거나 공격기지로 자유롭게 활용하고자 할 경우 일본 사람들의 큰 반발에 봉착할 것은 불을 보듯 뻔한 일이었다. 그럴 때 정부가 조약을 방패삼아 국내의 불만을 억누르려 한다면 일본 정부의 입장만 위태로와질 것이다.

즉, 주권국가와 맺은 조약은 그 조문에 '특권적 지위를 보장한다'는 규정이 있다 해도 그 나름의 제약이 있게 마련이었다. 하지만 오키나와처럼 미군이 행정·입법·사법의 모든 권한을 쥐고 있는 곳에서는 그런 문제가 발생하지 않는다. 기지를 어떻게 사용하든 완전히 자유라는 의미다. 이렇게 자유자재로 사용할 수 있는 오키나와 기지와 연결시킬 수 있다면, 일본 본토나 필리핀에 있는 미군기지의 기능도 강화할 수 있을 것이었다.

다른 하나는, 오키나와 내에 자유롭게 기지를 세울 수 있다는 점이었다. 미·일 안보조약에 따라, 일본 정부는 미군에게 기지 제공을 약속했다. 하지만 제공된 기지의 토지소유자가 이에 반발할 경우, 이 토지를 강제로 수용하거나 사용하기에 앞서 그에 따른 법적 절차가 필요했다. 그래서 일본 정부는 미군에게 토지를 제공하기 위해 특별 토지수용법인 '미군용지 특별조치법'을 제정했던 것이다.

그러나 미군이 지배권을 장악한 오키나와에는 이러한 법적 절차가 존재하지 않았다. 미군이 발하는 포령(布令)·포고(布告)가 법의 역할을 대신했기 때문이다.

1955년 스나가와 투쟁의 도화선이 된 도쿄 스나가와(砂川)초 다치가와(立川) 기지 확장 문제와, 거의 같은 시기에 있었던 오키나와 이에지마(伊江島), 이사하마(伊佐浜) 등의 토지몰수 사태를 비교해보면 미·일 안보조약의 영향권 내에 있는 일본 본토와 대일평화조약 제3조에 의해 규정받는 오키나와의 차이를 분명히 알 수 있다.

다치가와 기지 확장을 둘러싸고 정장(町長)이 강제사용 절차에 협조하기를 거부하고, 이에 호응하는 대중운동이 열기를 더해가면서 10년 동안 계속되었던 스나가와 투쟁의 결과, 미군은 끝내 기지 확장을 단념할 수밖에 없었다. 정부 차원에서 맺은 조약상의 약속이 있었다 할지라도 법치국가 일본 내에서 미군 마음대로 자유롭게 기지를 건설할 수는 없었던 것이다.

그러나 오키나와에서는 문자 그대로 '총칼과 불도저'를 앞세운 토지강탈이 강행되었다. 만약 오키나와가 일본에서 분리되어 미군의 지배를 받지 않았다면, 현재와 같은 오키나와의 미군기지는 건설되지 않았을 것이다.

'시마구루미 투쟁'에서 안보 개정으로

무권리 상태에서 떨쳐 일어난 오키나와 민중의 투쟁은 이에지마·이사하마 등의 저항투쟁이 도화선이 되어 1956년 6월 '시마구루미 투쟁(島ぐるみ鬪争)*으로 발전해 나갔다. 오키나와의 '시마구루미 투쟁'에는 일본 국민의 폭넓은 동정과 공감이 집중되었다.

미·일 안보조약이 적용되는 일본 본토에서도 스나가와 투쟁뿐 아니라 각 지역마다 기지 반대 투쟁이 일어났다. 여기에 미군범죄 문제도 겹쳐 1950년대 중반쯤에는 일종의 반미감정이 '패전 후 내셔널리즘'으로서 널리 퍼졌다. 그런 배경도 있어 '시마구루미 투쟁'은 전국적인 동정과 공감을 불러일으킬 수 있었던 것이다.

그러나 대일평화조약 제3조에 의해 규정받는 오키나와와 미·일 안보조약 아래 있는 본토의 차이를 인식한 사람은 거의 없었다. 또

---

* '섬 전체(의 토지) 투쟁'이라는 뜻이다. 미군이 폭력적인 방법으로 토지를 강탈하고(1953~1955), 그 토지를 싼값에 사들인다(1956)는 정책을 발표하자 자신들의 이해관계와 상관없이 모든 오키나와인들이 들고 일어나 저항한 대중운동. 자세한 내용은 이 책의 〈해설〉 참조.

현민대회에 참가한 대학생들 1956년 7월 28일에 열린 현민대회에서 대학생들이 스크럼을 짜고 프라이스 권고에 항의하고 있다. 사진은 『오키나와 타임즈』 제공.

한 어떻게 하면 오키나와가 처한 상황을 타개할 수 있는지에 대한 문제의식도 전혀 없다고 해도 좋을 정도였다.

만약 이때 오키나와를 희생시켜 본토 결전을 모면했던 역사와 오키나와를 미군 점령하에 두고 독립한 역사를 돌이켜보고 오키나와 복귀 운동에 부응하는 전 국민적 반환운동이 일어났더라면, 패전 이후 일본의 양상은 크게 바뀌었을 것이다. 미국의 군사정책에 협력하여 경제번영을 추구하는 길이 아니라, 좀 가난하더라도 인근 아시아 여러 지역의 민중과 연대하여 평화를 추구하는 다른 길을 열게 되었을지도 모른다.

그러나 유감스럽게도, 그렇게 되지 않았다. '시마구루미 투쟁'에 대한 동정과 공감까지 포함하여 '패전 후 내셔널리즘'은 오히려 안보조약 개정에 교묘히 이용당했다. 1957년 6월에 이루어진 기시 노부스케(岸信介) 수상과 아이젠하워(Dwight Eisenhower) 미 대통령의 회담에서, 미국은 일본에서 모든 지상 전투부대를 철수시킨다고 약속했다. 그것은 당시 도쿄에 있던 미 극동군 사령부를 폐지하고 극동전 지역의 미군을 하와이 태평양군에 통합시킨다는 미 군사전략 재편성의 일환이었지만, 이를 이용해 일본 국민의 반미감정을 진정시키고자 한 것이기도 했다.

그러면 일본에서 철수한 지상 전투부대, 특히 해병대 등은 어디로 간 것일까? 그들은 '일본이 아닌 오키나와'로 집중했다. 안보조약이 성립된 1952년부터 개정되는 1960년까지 만 8년 동안—현 안보조약이 성립하기까지—일본 본토의 미군용지는 1/4로 줄어들었다. 반대로 오키나와의 미군기지는 약 2배로 늘어났다.

여기서 오키나와에 군사기지가 자리 잡은 과정을 정리해보자. 오키나와 최초의 군사기지는 오키나와전에 대비해서 만들어진 일본군 기지였다. 예를 들어 현재 가데나(嘉手納) 기지는 원래 일본군의 나카(中) 비행장이었으나, 오키나와를 점령한 미군이 전쟁 중에 살아남은 주민들을 수용소에 가두고 그 사이에 나카 비행장을 40배나 넓혀 가데나 비행장으로 만들었다. 이 확장공사로 학교 세 곳과 마을 열다섯 개가 사라졌다. 또한 기지가 들어선 오키나와 중남부 의 땅 대부분이 군용지로 강제편입되었다.

1950년대 전반, 미군은 기지 확장을 위해 '총칼과 불도저'를 앞세 워 토지를 약탈했다. 1950년대 후반부터 1960년대 초에 걸쳐 오키 나와섬 북부에는 캠프 슈와브(Schwab), 캠프 한센(Hansen), 북부훈련장 등이 들어섰다. 이들 해병대 기지는 현재 오키나와 미군기지의 반 이상을 차지하고 있다. 말하자면 이렇게 해서 미군기지가 오키나 와에 집중됐던 것이다.

그 결과 1960년대에 이미 오키나와에는 일본 본토와 거의 맞먹 는 규모의 미군기지가 존재하게 되었다. 일본 전체 면적의 0.6%에 지나지 않는 오키나와에 국토의 99.4%를 차지하는 본토와 거의 같 은 규모의 기지가 들어선 것이다. 기지의 밀도로 보면 본토의 100 배나 되었다.

한편, 1960년 안보 개정의 대의명분은 불평등한 구(舊)안보조약을 평등한 조약으로 바꾸는 데 있었다. 어떤 형태로 평등하게 하는가? 일본의 군사적 역할을 강화함으로써, 바꿔 말하면 조약을 상호보 위조약에 가깝게 함으로써 조약의 평등성을 확보하려 한 것이다. 따라서 조약 개정 교섭 초기에는 미·일 모두가 미국의 시정권(施政 權)에 들어 있는 오키나와를 일본의 공동방위지역에 포함시키자고

오키나와섬 전체

- 구니가미촌
- 나키진촌
- 오기미촌
- 이에촌
- 히가시촌
- 모토부정
- 나고시
- 온나촌
- 긴정
- 기노자촌
- 요미탄촌
- 우루마시
- 가데나정
- 이케이섬
- 미야기섬
- 오키나와시
- 헨자섬
- 자탄정
- 하마히가섬
- 기타나카구스쿠촌
- 우라소에시
- 기노완시
- 나하시
- 니시하라정
- 츠켄섬
- 요나바루정
- 도미구스쿠촌
- 하에바루정
- 구다카섬
- 이토만시
- 난조시

했다. 그럼으로써 상호방위조약에 가까워진다는 것이다. 여기에는
공동방위지역에 포함되면 미국의 시정권을 약화시켜 오키나와 반
환이 앞당겨진다는 궤변도 동원되었다.

그러나 당시 사회당뿐 아니라 자민당 일부에서도 이런 주장을 강하게 반대하고 나섰다. 오키나와는 이미 미국이 필리핀, 대만, 한국 등과 맺은 상호방위조약의 공동방위지역에 포함되어 있었으므로, 만약 오키나와를 미·일 안보조약의 공동방위지역에 포함시킬 경우 앞의 상호방위조약과 미·일 방위조약이 결부되어 미국의 전쟁에 휘말려 들어갈 위험성이 커진다는 이유였다.

　결국 논의 결과, 오키나와는 공동방위지역에 포함되지 않았다. 새로운 미·일 안보조약 제5조는 공동방위지역을 '일본국의 시정 아래에 있는 영역'이라고 정하고 있다. 대신 제6조에서는 재일미군이 '일본의 평화와 안전'을 위해서만이 아니라 '극동의 국제평화와 안전유지에 기여하기 위해' 일본의 기지를 사용할 수 있다고 정했다. 더불어 미군이 마음대로 기지를 사용한다면 곤란하므로, 일본에 있는 (미군) 장비에 중요한 변경—예를 들어 핵무기 반입—이 있거나 일본 기지에서 직접 전투에 참가하는 것 등은 사전협의의 대상이라는 교환공문을 주고받았다. 현재의 미·일 안보조약과 이 조약에 근거해 만들어진 미군 지위에 관한 미·일 지위협정*은 이때 이루어진 것이다.

---

* 미·일 안보조약 제6조에 근거해 체결된 협정으로 일본 국내의 미군 지위에 관해 규정하고 있다. 군사행위는 물론, 군인과 그 가족의 일상생활에 관해서도 다른 외국인에게는 없는 특별한 권리를 광범위하게 인정하고 있다. 특히 미군이 범죄를 일으켰을 경우 조사권, 재판권을 둘러싼 '치외법권'이 문제가 되고 있다.

| 제 6 장 |
오키나와 반환과 미·일 안보

"

미일동맹의 재편성과 역할분담 재조정을 둘러싼 논의는 오키나와 반환이라는 이름 아래 진행되었다. 일본 정부는 미국의 베트남정책 지지와 자위대 보강, 동남아시아 군사정권에 대한 경제원조를 일본 측이 떠맡는 것을 오키나와 반환의 전제조건이라고 생각했다. 1969년 11월, 사토 수상과 닉슨 대통령은 정상회담을 통해 1972년 내에 오키나와를 일본에 반환하기로 합의했다. 이제 오키나와에는 일본 자위대가 배속되어 오키나와 미군과 공동으로 방위임무를 맡게 되었다. 자위대 배치 강행은 오키나와 민중에게 오키나와전에서 일본군이 자행한 만행을 새삼스럽게 상기시키는 계기가 되었다.

"

베트남전쟁과 오키나와 미군기지

1965년 2월, 미국은 베트남 내전에 전면적으로 개입했다. 미국은 남베트남을 공산주의 봉쇄 거점으로 판단하고, 전에 이 지역을 지배했던 프랑스를 대신해 일찍부터 남베트남 반공 군사정권을 지원하고 있었다. 그러나 남베트남의 정권 기반은 안정되기는커녕, 민족독립·평화중립·민주확립을 내세운 '남베트남 민족해방전선'이 빠르게 세력을 넓혀가고 있었으므로, 결국 전면 개입을 결의했다.

1965년 2월 7일, 미군은 남베트남 민족해방전선의 배후에 북베트남(베트남민주공화국)이 있다고 보고 북베트남에 대한 폭격을 단행했다. 그리고 한국전쟁 이후 처음으로 대량의 지상 전투부대를 투입해 전쟁 전면에 전격적으로 나섰다. 이렇게 되자 오키나와는 베트남전쟁의 최전선기지가 되었다. 북베트남 폭격이 시작됨과 동시에 군수물자와 군인을 가득 싣고 항구로 향하는 군용트럭과 탱크가 오키나와 주요 도로를 가득 메웠다. 공군기지에서는 수송기나 전투 폭격기가 연일 베트남 쪽으로 날아갔다. 미국 잡지 『포린 어페어즈(Foreign Affairs)』 편집장은 "만약 오키나와를 자유롭게 사용할 수 없었다면, 미국은 지금과 같은 규모로 베트남전쟁을 시작하지 못했을 것이다"라고 말했다.

요코스카(橫須賀), 이와쿠니(岩國), 사세보(佐世保) 등의 기지에 주둔하고 있던 재일미군도 베트남으로 출동했다. 그러나 재일미군이 베트남 출병에 앞서 오키나와를 경유하는 것은 사전협의 대상이 되지 못했다. 재일미군이 오키나와로 이동하는 것은 전투작전 행동이 아닐뿐더러, 오키나와에서 베트남으로 출격하는 것 역시 오키나와가 미·일 안보조약이 적용되는 지역이 아니므로 사전협의 대상이 될 수 없다는 이유에서였다.

1960년 조약 개정에서 미·일 안보조약 적용 지역에 들지 못한 오키나와는 사전협의에 관한 교환공문 등을 통해 재일미군의 활동규제를 풀어주고 자유로운 군사활동을 보장하는 역할을 맡았다.

그러나 미국은 베트남 내전에 전면 개입함으로써 큰 좌절을 맛보게 되었다. 미국은 가장 많을 때는 한국전쟁 당시를 웃도는 약 55만 명의 병력을 투입했으며, 무차별 폭격은 말할 나위도 없고 게

릴라들의 수송로를 차단한다는 명분으로 정글지대에 고엽제를 대량 살포하는 화학전까지 감행했다. 그럼에도 미국은 군사적인 승리를 이끌어낼 수 없었다.

이전에 베트남을 지배했던 프랑스의 드골(Charles De Gaulle) 대통령이 북베트남에 대한 미군의 폭격을 비난하는 등, 미국은 국제정치에서도 현저히 고립되어갔다. 자국 국민들조차 전쟁의 정당성을 납득하지 못해, 전쟁에 동원되는 젊은이들 중심으로 베트남 참전 반대 운동이 대대적으로 번져 나갔다. 반전운동은 미국 사회나 군대에서 밑바닥 허드렛일에 종사해온 흑인들의 해방운동과도 연결되었다. 베트남 반전운동은 유럽과 일본을 비롯한 전 세계로 퍼져 나갔다.

베트남정책의 파탄은 경제에도 심각한 영향을 미쳤다. 제2차 세계대전 이후 세계 대부분의 부(富)를 독점하다시피 해온 미국은 전 세계에 군사기지망을 세우고 반공정권을 경제적으로 지원하며 세계에 군림하고 있었다. 그러나 이런 정책은 1950년대 말부터 한계를 드러내기 시작했다. 국제수지는 악화되고, 달러 위기가 제기되었다. 점점 헤어날 수 없는 수렁으로 빠져들어가는 베트남전쟁은 상황을 한층 더 나쁘게 만들었다. 사회도 황폐해졌다. 미국이 범죄와 마약에 침식되었던 계기가 바로 이 대의 없는 베트남전쟁이었다.

1973년 3월, 결국 미군은 남베트남에서 철수했고 1975년 4월에는 남·북 베트남이 통일되었다. 미국 입장에서 본 베트남전쟁은 5만 명의 미군 전사자를 내고, 백만 명 이상의 베트남 민중을 살해했으며, 베트남 전 국토를 황폐화시킨 전쟁이었다. 그로부터 20년이 지난 뒤, 당시 미 국무장관이었던 로버트 맥나마라(Robert Strange McNamara)는 베트남전쟁이 잘못된 선택이었음을 인정했다. 그러나 미국 정부도, 전쟁을 지지한 일본 정부도 공식적으로 그런 잘못을 인정하지 않고 있다.

고양되는 오키나와 민중운동

1960년대 후반으로 돌아가 오키나와를 보자. 미국은 베트남전쟁의 실패로 말미암아 당연히 오키나와를 지배하는 것도 어렵게 되었다.

1950년대 후반 '시마구루미 투쟁'은 결국 경제적 조건투쟁으로서 일단 종지부를 찍었다. 그러나 절대권력으로 군림하던 미군에게서 일정부분 양보를 이끌어냄으로써 자신감을 얻은 오키나와 민중은 이후 상황을 크게 변화시켜 나갔다. 1960년에는 '오키나와현 조국복귀협의회'가 생겨나 대중운동의 조직화가 진전되기 시작했다.

오키나와 대중운동이 크게 발전한 계기는 뭐니 뭐니 해도 베트남전쟁이었다. 그때까지 대중운동의 가장 시급한 당면 목표는 '일본으로 복귀'하는 것이었다. 여기에는 일본에도 미군기지가 있지만 오키나와에서는 민중의 모든 권리가 군사(軍事)에 종속되어 있다는 인식이 깔려 있었다. 먼저 이런 상태를 '본토 수준'으로 시정한 뒤, 일본 전 지역의 미군기지 철폐운동으로 발전시켜 나가자는 것이 당시 대중운동가들의 공통적인 생각이었다.

그러나 오키나와 미군기지가 베트남전쟁에 사용되고 있는 현실을 묵인한다면 결국 오키나와가 베트남 민중에게 가해자가 되는 것 아니냐는 의문이 싹트기 시작해 널리 확산되었다. 이런 상황 속에서 교직원 정치활동 제한·금지 입법 반대투쟁, 기지 노동자 파업, B52 전투기 가데나 기지 상주 반대투쟁 등이 날로 크게 고양되었다. 이제 미군이 오키나와를 지배하는 것은 상당히 곤란해졌다.

한편, 일본은 1960년대 내내 경제대국의 길로 나아갔다. 1960년대 말에는 일본과 미국의 상대적 역관계가 변화함에 따라 미·일 간에 정치·군사·경제적 역할분담의 조정이 필요해졌다. 예를 들어 평판이 나쁜 미국의 베트남정책을 적극 지지하여 미국이 국제사회에서 고립되지 않도록 노력할 것, 자위대를 강화하여 미국의 군사적 부담을 덜어줄 것, 동남아시아 군사정권에 대한 경제원조를 미국 대신 떠맡을 것 등이 일본에 요구되었다.

어느 것이든 국민의 반발을 살 소지가 많은 정책들이었다. 그렇지 않아도 1960년에 개정된 안보조약은 고정 기간이 10년으로 정해져 있었기 때문에 1970년이면 기한이 끝나게 되어 있었다(1970년 이후에는 미·일 어느 한쪽에서 조약 종료를 통고할 경우 1년 뒤 조약이 종료되는 것으로 되어 있다).*

1970년이 되면 10년 전 안보조약 개정 때와 같이 안보에 관한 근본적인 재고와 폐기를 요구하는 목소리가 높아질 것으로 예상됐다. 이런 상황 속에서 미·일 안보체제에서 일본의 실질적 역할을 강화하기 위해서는 어떻게 해야 하는가? 이 문제에서 초점이 된 것은 오키나와 반환이었다.

1967년 봄, 일본 정부는 갑자기 "국민적 바람인 오키나와 반환", "민족적 소원인 조국 복귀"를 실현하는 것이야말로 일본 외교의 당면한 긴급 과제라고 강조하기 시작했다. 이제 오키나와 반환은 누구도 반대할 수 없는 과제가 된 것이다. 오키나와에서는 1951년 이후 복귀 운동이 크게 기세를 떨치고 있었고, 본토에서도 1960년대에 들어서면서 반환운동이 크게 고양되기 시작했다. 오키나와 문제를 근본적으로 해결하는 데 소극적이었던 일본 정부로서도 경제

---

* 1960년에 개정된 안보조약은 기한이 끝나는 1970년에 일본 정부가 조약의 계속적인 견지를 표명하여 그 이후 현재까지 자동적으로 연장되고 있다.

대국에서 정치대국의 길로 진출하려 하는 마당에 자국 영토의 일부가 동맹국에게 지배당하고 있다는 것은 불명예스러운 일이었다.

안보강화와 연결된 오키나와 반환

이렇게 해서 미일동맹의 재편성과 역할분담 재조정을 둘러싼 논의는 '오키나와 반환'이라는 이름 아래 진행되었다. 일본 정부는 될 수 있는 한 안보 문제를 드러내놓고 논의하는 일은 피하고자 했다. 그리고 미국의 베트남정책 지지와 자위대 보강, 동남아시아 군사정권에 대한 경제원조를 일본 측이 떠맡는 것을, 미국이 보유하고 있는 오키나와를 일본에 반환하기 쉽게 하는 전제조건이라고 생각했다. 이에 대해 오키나와는 물론이고 본토에서도, 오키나와 반환은 당연한 일이므로 이를 이용한 안보체제 강화에는 반대한다는 '무조건 전면 반환 요구'나 '1970년 안보·오키나와 투쟁'이 크게 고양되었다.

시끌벅적한 사회분위기 속에서 1969년 11월, 사토(佐藤) 수상과 닉슨(Richard Nixon) 미 대통령은 정상회담을 통해 1972년 내에 오키나와를 일본에 반환하기로 합의했다. 오키나와에서는 '본토 수준'으로 '핵 없이' 반환할 것을 강조했지만, 당시 미·일 공동선언에는 "한

미·일 정상회담 1969년 11월 19일, 사토 수상은 백악관에서 닉슨 미 대통령과 정상회담을 갖고 오키나와 반환의 조건을 논의했다.

국의 안전은 일본의 안전과 일체이며 대만해협의 안전도 그와 같다"는 내용이 들어갔다. 이는 한반도나 대만해협에서 전쟁이 일어날 경우 미군이 일본에서 전투작전을 전개하는 것에 대한 사실상의 용인이라는 이해가 일반적이었다. 또한 핵무기에 관해서 미 대통령은 "일본 국민이 핵무기에 대해 품고 있는 특별한 감정을 이해하여 사전협의제도에 관한 미국 정부의 입장을 해치지 않는 한 일본 정부의 정책을 존중한다"고 약속함으로써 '핵 없음'을 보장했지만, 거기 삽입된 '불필요한 글귀' 때문에 오히려 핵무기 반입에 관한 밀약이 존재하지 않느냐는 의혹이 남게 되었다.

한편, 이로써 오키나와는 '일본국 시정(施政) 영역'이 되었으므로 일본 자위대가 배속되어 오키나와 미군과 공동으로 방위임무를 맡게 되었다. 자위대 배치 강행은 오키나와 민중에게 오키나와전에서 일본군이 자행한 만행을 새삼스럽게 상기시키는 계기가 되었다.

어쨌든 1960년의 안보 개정은 오키나와 분리와 미군 지배를 전제로 한 미·일 안보체제의 강화였다. 안보체제의 강화는 안보조약에 대한 일체의 문구 수정 없이, 따라서 국회의 심의를 거칠 것도 없이 미·일 정상의 공동성명만으로 이루어졌다.

| 제 7 장 |

'일본'이 된 오키나와

"

1960년대에는 본토와 오키나와에 같은 규모의 미군기지가 있었다. 그런데 오키나와 반환 이후 본토의 미군기지는 1/3로 줄어든 데 반해 오키나와의 미군기지는 거의 줄어들지 않았기 때문에, 결국 재일미군기지 전용시설의 약 75%가 전국 면적의 0.6%에 지나지 않는 오키나와에 집중되고 말았다. 그 결과 본토에서는 점점 '안보'가 무엇을 의미하는지 보이지 않게 되었다. 기지가 있는 일부 지역을 제외하고는 안보 인정이 바로 미군과의 공존임을 실감할 수 없게 된 것이다. 그리하여 1970년대 중반에 이르러서는, 소위 혁신세력 사이에서도 안보 문제는 긴급한 정치과제가 아니라는 '안보 보류론'이 힘을 얻었다. 이런 경향은 해를 거듭할수록 농후해졌다.

"

반환 뒤에 남겨진 미군기지

오키나와는 1972년 5월 15일부터 일본에 속하게 되었다. 그럼으로써 무엇이 변했을까? 군정 아래 무권리 상태에서 해방된 것은 사실이다. 예를 들어 미군정 때는 오키나와에 출입하려면 미군의 허가(여권)가 필요했다. 미군은 '문제인물'을 오키나와에 감금시키거나 그곳에서 내쫓을 수 있었다. 당연한 일이지만, 오키나와 반환으로 도항의 자유가 생겨났다. 그러나 오키나와 반환의 대전제는 오키나와에 있는 미군기지의 기능을 조금이라도 손상시켜서는 안 된다는 것이었다.

그러면 오키나와 반환으로 군사기지를 둘러싼 상황은 어떻게 변했는가? 사실 시간이 꽤 지나서야 차차 분명해진 일이지만, 일본 정부는 오키나와 반환을 이용해 오키나와를 포함한 일본 전 지역의 군사기지를 정리 및 통합하고자 했다.

오키나와 반환이 결정된 1960년대 말부터 1970년대 중반까지 본토의 미군기지는 1/3 정도로 줄어들었다. 구(舊)안보조약 성립 때부터 계산하면 1/12로 줄어든 것이다. 스나가와 투쟁이 일어났던 다치가와 기지, 규슈대학에 제트기가 추락해 화제가 되었던 이타츠케(板付: 지금의 후쿠오카 공항) 기지 등, 특히 도시 주변의 미군기지는 반환되었다(그중 일부에는 공동사용이라는 조건이 붙어 있다).

그러나 오키나와의 미군기지는 거의 줄어들지 않았다. 미국 측은 오키나와 복귀 시점에 민간과 공동으로 사용하던 나하 공항을 자위대에 넘겨주기 위해 미 해군 대잠수함 초계기 P3C를 이와쿠니(岩國) 기지(야마구치현 소재)나 미사와(三澤) 기지(아오모리현 소재)로 이전시키려 했지만, 일본 측에서 오키나와 내부 이전을 주장해 가데나 기지로 옮기게 되었다는 사실도 뒤늦게 밝혀졌다.

앞에서 1960년대에는 본토와 오키나와에 같은 규모의 미군기지가 있었다고 했다. 그런데 반환된 뒤 본토의 미군기지는 1/3로 줄어든 반면 오키나와의 미군기지는 거의 줄어들지 않았기 때문에, 결국 재일미군기지 전용시설의 약 75%가 전국 면적의 0.6%에 지나지 않는 오키나와에 집중되는 결과를 낳았다. 왜 이런 정책이 취해졌을까? 오키나와에 자위대를 배치하는 문제와 관련해 미국 측

도시 중심부를 차지하고 있는 가데나 기지　사진은 『오키나와 타임즈』 제공.

과 협의한 책임자였던 구보 타쿠야(久保卓也) 방위국장(방위사무차관, 국방
회의사무국장 역임)은 "도시에 기지가 있는 한, 안보자위대 문제에 관한
국민적 합의를 이끌어내는 것이 불가능하기 때문"이라고 말했다.

　그 결과 본토에서는 점점 '안보'가 무엇을 의미하는지 보이지 않
게 되었다. 본토에서는 기지가 있는 일부 지역을 제외하고는 안보
인정이 바로 미군과의 공존임을 실감할 수 없게 된 것이다. 그리
하여 1970년대 중반에 이르러서는, 소위 혁신세력 사이에서도 안
보 문제는 긴급한 정치과제가 아니라는 '안보 보류론'이 힘을 얻었
다. 안보 논의로 격렬하게 싸우고 반(反)안보운동이 크게 고양되었

던 1970년 전후에 비하면 급격한 상황 변화였다. 그리고 이런 경향은 해를 거듭할수록 농후해졌다.

미군기지에 대한 일본의 경제 지원

그러면 기지가 집중되어 있는 오키나와 민중은 어떻게 되었을까? 정부의 생각은 경제적인 배려를 통해 그 부담을 보상하겠다는 것이었다.

예를 들어 군용지 사용료는 복귀와 동시에 거의 6배가 올랐다. 미군 지배 당시에는 미군이 군용지 사용료와 손실보상금을 직접 지불했지만, 복귀 이후에는 안보조약에 근거한 미·일 지위협정에 따라 일본 정부가 소유자에게 토지를 빌려 미군에게 제공하는 방식으로 바뀌었다. 재정사정이 좋지 않았던 미국은 일본 정부처럼 토지소유자에게 '융숭한 대접', 즉 군용지 사용료를 비싸게 지불할 수 없었던 것이다.

덧붙여 말하면, 미국은 오키나와 반환이 결정됨과 동시에 기지 노동자들을 대량해고하기 시작했다. 3만 명에 달하던 기지 노동자가 복귀 후 불과 몇 년 만인 1970년대 중반에는 6천 명으로 줄어들었다. 미·일 지위협정에 따르면 미국 측이 기지 노동자 임금을 부담한다고 되어 있었기 때문이다. 미군 지배 당시에는 사회불안을 초래하는 대량해고가 불가능했다. 그러나 일본에 반환되고 나서는 일본 정부에 실업대책을 떠넘길 수 있었던 것이다.

뿐만 아니라 일본 정부는 1978년부터 '배려 예산'이라는 이름으로 미군에 대해 재정 지원을 시작했다. 지위협정에 따르면, 미국이 부담하게 되어 있는 기지 유지 비용을 일본 측이 미국의 경제사정을 "배려해서" 부담한다는 것이 '배려 예산'의 취지이다. 얼마 지나지 않아 '배려 예산'을 위한 특별협정이 맺어졌고, 그 액수는 점점 늘어났다. 1990년대 중반에는 '배려 예산'이 2천 수백억 엔(円)에 이르러서, 미군 주둔에 드는 일본의 경제적 부담은 모두 합쳐 6천억 엔을 상회하게 되었다. 이는 오키나와현의 연간 예산을 웃도는 액수이다.

미국은 재정사정 때문에 해외 기지를 정리 축소하고 있었는데, 미국 정부의 한 고위 관리는 "미국 본국에 군대를 두는 것보다 일본에 두는 편이 비용이 훨씬 더 싸다"고 의회에서 증언해 일본의 대미협력을 높이 평가했다. 미군에게 일본만큼 주둔하기 편한 곳은 세계 어디에도 없을 것이다.

기지에 의존하게 된 오키나와

한편 일본에 복귀되고 나서 군용지 사용료가 단기간에 6배나 오른 결과, 오키나와 사회에는 갖가지 모순이 생겨났다. 예를 들어, 일본 정부는 오키나와 농업 진흥을 위해 기간작물인 사탕수수를 사들이고 있는데, 이 사탕수수 매수가격과 평균적인 군용지 사용료를 비교해보면 후자가 1.6배 높다. 같은 면적의 농지에 사탕수수를 재배해 정부에 파는 가격보다 같은 면적의 토지를 군용지로 빌려주고 받는 사용료가 더 높다는 것은 농업노동이 마이너스 가치밖에 없다는 의미가 된다.

일본 정부는 이런 타민화(惰民化) 정책을 써서 군용지 소유자들을 기지에 묶어두려고 했다. 또한 기지가 있는 시·정·촌(市·町·村)에 기지 주변 정리사업비 명목으로 일종의 보상금을 뿌렸다. 그 결과 큰 기지가 있는 시·정·촌일수록 재정수입 면에서 기지 관계비가 차지하는 비율이 높아져, 기지 반대를 주장하기 어려운 구조가 만들어졌다.

나아가 일본 정부는 오키나와가 일본에 복귀될 즈음에 '(제1차) 오키나와 진흥개발 10개년 계획'을 세우고 거액의 공공투자금을 투입했다. 이후 이 계획은 2차, 3차로 연장되었다. 오키나와 진흥개발 계획의 대의명분은 오랫동안 미군정 아래 방치되었던 오키나와와 본토의 사회경제적 격차를 바로잡고, 자립발전이 가능하도록 기초조건을 정비한다는 것이었다. 그 결과 확실히 거액의 공공자금이 투자되어 도로·항공·항만·상수도·댐·학교건물 등의 시설이 몰라보게 변했지만, 오키나와 경제의 정부재정 의존도는 높아만 갔다. 유력기업 유치 등의 여타 산업육성정책이 전혀 없었으므로, 공공투자에 의존하는 건설업이 기형적으로 발전한 것을 제외하면 오키나와와 본토의 도항 자유화와 일본의 소득수준 향상에 힘입어 관광산업 정도가 발달했을 뿐이다.

오키나와 경제의 공공투자 의존도와 정부재정 의존도를 높이는 것은 오키나와 사회를 기지에 묶어두는 유력한 수단이었다. 오키나와의 재정 자립도가 높아질수록 기지 독립도 역시 높아지고, 그에 따라 기지 철거 요구도 드세질 것이기 때문이었다.

반전지주들의 투쟁

이런 상황 속에서도 미군범죄나 미군기지 관련 사건사고가 계속 발생했다. 그때마다 현 의회와 시·정·촌 의회는 항의 결의를 반복하고 시민단체들도 항의운동을 전개했다. 복귀 후 25년 동안 미군이 저지른 사건사고에 대해 현 의회가 결의한 항의만 해도 무려

125회에 달한다. 그런 항의행동의 밑바닥에서 반전·반기지 투쟁의 불씨를 지켜온 사람들이 바로 '반전(反戰)지주'들이었다.

반전지주란 오키나와가 일본에 복귀할 때 더 이상 자신들의 토지를 전쟁을 위해 쓰게 할 수 없다며 일본 정부(나하 방위시설국)와 군용지 임대차계약을 거부한 이들을 말한다. 복귀 당시 반전지주는 전체 군용지 지주의 10%가 넘는 3천 명 정도였다. 정부는 반전지주의 토지를 강제로 사용하기 위해 오키나와에만 적용되는 '공용지법(公用地法)'이라는 특별법을 제정했다. 여기서 공용지란 군용지를 뜻하는데, 법안의 내용은 군용지로 사용해오던 토지는 토지소유자의 의사와 상관없이 복귀 후 5년 동안 군용지로 사용할 수 있다는 것이었다. 미군의 포령·포고보다 더하면 더했지 덜하지 않은 악법이었다.

정부는 공용지법 시행에 따라 반전지주의 토지까지 강제로 사용하는 한편, 반전지주를 근절하기 위해 경제적 차별뿐만 아니라 갖은 해코지를 마다하지 않았다. 예를 들어, 계약 지주에게는 보란 듯이 협력사례금 명목으로 돈을 더 얹어 지급했다. 또 기지와 관련된 기업에 근무하는 반전지주의 직장에 일부러 찾아가 계약을 하지 않으면 직장에 계속 다니기 어렵게 만들기도 했다. 반전지주에 대한 정부(나하 방위시설국)의 악랄한 행동은 일일이 다 열거할 수 없을 정도였다. 이 때문에 반전지주는 현저히 줄어들었다.

    그래도 공용지법 기한이 끝나는 1977년 5월 15일까지 300명이 넘는 반전지주가 버티고 있었다. 그 시점에서 정부는 공용지법 기한을 5년 더 연장했다. 기한연장 법률은 1977년 5월 15일 이전에 발효시킬 예정이었으나, 강력한 반대 운동에 부딪쳐 5월 18일이 되어서야 겨우 성립 가능해졌다. 그동안 정부는 아무런 법률적 근거도 없이 반전지주의 토지를 불법 점유한 것이다.

    그로부터 다시 5년이 지난 뒤에도, 여전히 백 수십 명의 반전지주가 버티고 있었다. 그리고 그들은 오키나와에만 차별 적용되는 공용지법은 사유재산권을 부정하는 것으로서 헌법에 위반된다며 소송을 제기했다. 그러자 정부는 1982년 이후에는 '미군용지 특별조치법'을 적용해 반전지주의 토지를 강제로 사용하려고 했다. 이때 반전지주의 토지를 일부 공유해서 지금까지 분투해온 반전지주를 응원하자는 '1평 반전지주 운동'이 일어났다.

| 제 8 장 |
인권과 평화, 자립을 찾아

"

제2차 세계대전 이후 미일관계의 기본 틀인 미·일 안보체제는 일본을 반공의 방패로 삼는 것이었다. 따라서 냉전체제가 종언을 고하는 세계적인 정치변동 속에서 그 존재가치는 완전히 사라질 터였다. 그러나 미·일 양국 정부는 아시아 지역분쟁에 대비해야 한다는 구실로 미·일 안보체제를 더욱 긴밀하게 미국의 세계전략과 연결시키고자 했다. 그럴 경우 세계적으로 군사적 긴장이 고조되고, 오키나와는 아주 오랫동안 계속 그 부담을 떠안게 될 것이었다. 과연 그렇게 되어도 괜찮은가? 기지를 정리 축소하고 미·일 안보체제를 재검토해야 한다는 여론이 오키나와뿐만 아니라 본토에서도 형성되기 시작했다. 민중들의 분노는 점점 더 커져갔다.

"

혼돈 속에서 모아진 운동의 열기

복귀 후 오키나와에서는 혼돈스러운 상황이 계속됐다. 반전지주와 1평 반전지주 등을 중심으로 미군기지에 반대하는 민중운동은 줄곧 계속되었지만, 많은 정당과 노조, 기타 민주단체들이 본토 조직에 편입되어 미군 지배 당시의 열기는 사라졌다. 토지연(土地連)*은 미군 지배 당시에는 빠른 시간 내에 군용지를 반환하라고 요구하는 군용지 지주들의 단체였는데, 이제 군용지 사용료를 더 올려 달라고 할지언정 토지 반환을 요구하지는 않게 되었다. 여론조사에서도 미군기지를 철폐하라는 의견이 과반수를 차지하고 있었지

---

* 오키나와현 군용지 등 지주회 연합.

만, 재정 의존도가 높은 현(縣)이나 기지가 있는 시·정·촌 행정당국은 국가에 덜미를 잡혀 겉으로는 기지 반대를 외치면서도 속으로는 현실을 인정하지 않을 수 없어, 겉과 속이 분리되기 일쑤였다.

1995년 가을, 미군기지와 관광의 섬 오키나와에서 쌓이고 쌓였던 마그마가 한꺼번에 폭발하듯, "안보를 근본적으로 재고하라"는 운동이 휘몰아쳤다. 그 계기는 앞의 서문에서도 말했듯이, 혐오스러운 미군범죄가 불러일으킨 충격과 다시는 같은 사건이 재발해서는 안 된다고 결심한 한 소녀와 가족들의 용기 있는 고발에서 촉발되었다.

그 문제는 눈앞의 일과 번잡한 일상생활에 쫓기는 사람들에게 새삼스레 인간의 존엄이란 무엇인지를 되물었다. 또 각각의 경제적 이해와 정치적 이데올로기 때문에 찢어진 사람들을 서로의 이해나 입장의 차이를 넘어서 하나로 결집시켰다. 사람들은 꼭 40년 전인 1955년에 미군이 저지른 6세 여아 폭행 참살사건을 생생히 떠올렸다. 노골적으로 힘에 의존했던 미군의 압정 당시에도, 물질적 풍요를 누리고 있는 현재에도, 오키나와에는 본질적으로 변함없는 문제가 존재한다는 사실을 새삼스레 자각하게 된 것이다. 제2차 세계대전에서 패전한 뒤 오키나와에서는 '평화교육'을 실시하여 과거 오키나와전의 비참함을 가르쳐왔지만, 지금 현재도 전쟁과 인접해 살고 있는 현실은 가르치지 않았던 것을 뼈저리게 반성했다.

시대도 빠르게 변하고 있었다. 어쨌든 일본에서도 정부가 '어린이 권리조약'을 비준하는 사회적 분위기가 형성되어 있었다. "나이로비에서 베이징까지"*라는 말에 표현되었듯이 여성 지위향상 운동도 진전되었다. 1995년 8월 하순부터 9월 상순에 걸쳐 베이징 여성회의에 참석한 사람들이 이후 이 운동의 한몫을 담당한 것은 당연했다.

또한 1995년 가을에는 미·일 안보를 재정의하는 문제가 구체적인 정치 안건으로 상정되었다. 11월 클린턴(Bill Clinton) 미 대통령이 일본을 방문해 무라야마(村山) 수상과 안보 재정의에 대해 논의한다는 것이었다. 이미 앞에서 지적했듯이, 제2차 세계대전 이후 미일관계의 기본 틀인 미·일 안보체제는 일본을 반공의 방패로 삼는 정책을 근간으로 하고 있었다. 따라서 냉전체제가 종언을 고하고 소련이 붕괴하는 세계적인 정치변동 속에서 미·일 안보체제의 존재가치는 완전히 사라질 터였다. 그러나 미·일 양국 정부는 "아시아를 중심으로 아직 불안정한 지역이 많으므로 지역분쟁에 대비해야 한다"는 구실로 안보체제의 필요성을 재확인(재정의)하려 했다. 즉

---

* 1985년 나이로비에서 계최된 유엔 제3차 세계여성대회로부터 1995년 베이징에서 개최된 제4차 세계여성대회에 이르는 10년간은 여성운동이 고양된 시기였다. 특히, 4차 세계여성대회에서는 남녀평등과 정치 경제 등 각 분야에서 여성들의 권한 확보를 위한 행동강령이 발표되어 각국의 여성정책과 여성운동 등에도 큰 영향을 주었다.

미·일 안보체제를 더욱 긴밀하게 미국의 세계전략과 연결시켜 일본의 군사적·경제적 역할을 확대 강화함으로써 세계를 엄중히 감시하자는 것이었다.

그렇게 되면 세계적으로 군사적 긴장이 더욱 고조될 것이고, 제2차 세계대전 패전 후 50년 동안 미·일 안보체제의 군사적 요새로서 과중한 부담을 강요받아온 오키나와는 예측할 수 없을 정도로 오랫동안 계속 그 부담을 떠안게 될 것이었다.

과연 그렇게 되어도 괜찮은가? 이런 의문은 한 소녀의 안전조차 지킬 수 없는 안전보장이란 도대체 무엇이냐는 근본적인 문제와 연결되어 사회에 큰 파장을 불러일으켰다. 안보체제를 강화하는 것이 아니라, 기지를 정리 축소하고 미군에게 특권을 부여한 미·일 지위협정을 재고하는 방향에서 미·일 안보체제를 재검토해야 한다는 여론이 오키나와뿐만 아니라 본토에서도 형성되기 시작했다. 일본 정부가 "좀 지나친 논의"라면서 가볍게 대응하자 민중들의 분노는 점점 더 커져갔다.

오키나와현 지사의 결단

때마침 미군용지 강제사용 절차를 갱신할 시기가 돌아왔다. 미군용지 강제사용 절차를 밟는 데는 시·정·촌장 또는 현 지사(知事)가 두 번 관여하게 된다. 토지조서(調書)와 물건조서에 대리서명할 때와 결재신청 서류를 공고·종람(縱覽)하거나 그것을 대행할 때이다.

몇 년 전 공고·종람 대행을 하면서 미군용지 강제사용 절차에 협력한 적이 있던 오타(大田) 오키나와현 지사가 이번에는 대리서명을 거부했다. 민중의 분노에 떠밀려 그랬다고 하지만, 지사로서는 대단히 어려운 결단이었을 것이다.

일본국 헌법에는 지방자치의 본래 취지가 명시되어 있지만 그 내용은 극히 조잡하여, 속설에 '30% 자치'라는 말이 있듯이 지방자치체는 거의 다 중앙의존적 체질에서 벗어나지 못하고 있었다. 또 지사나 시·정·촌장은 주민들이 선거로 뽑는 지자체의 장이면서 동시에 국가사무의 일부(기관위임사무)를 집행하는 국가 하부기관의 공무원이기도 했다.

제2차 세계대전 이후 일본의 지방자치에는 이전의 천황제 중앙집권국가의 흔적이 농후하게 남아 있었다. 때문에 지사가 국가에 반기를 든다는 것은 생각할 수도 없는 일이었다. 하지만 시·정·촌장 선에서 이런 선례가 없었던 것은 아니다. 다치가와 기지 확장 문제를 둘러싸고 스나가와 정장(町長)이 공고·종람 절차를 거부하여 도쿄도 지사가 소송을 제기해 재판까지 간 적이 있었지만, 결국 지사가 시·정·촌장을 대행했기 때문에 큰 정치 문제로 비화하지는 않았다. 그러나 이번에는 오키나와 지사가 대행을 거부한 것이다.

1995년 지사의 대리서명 거부는 커다란 반향을 불러일으켰다. 오키나와 민중의 압도적 다수가 지사의 행동을 지지하고 나섰다. 오키나와 지방신문의 긴급 여론조사에 따르면, 오타 지사의 지지율은 75~90%까지 달했다. 이는 이후 8만 5천 명의 민중이 집결해 기지 정리 축소와 미·일 지위협정 재고를 요구하는 10·21 현민(縣民) 집회로 발전했다.

소녀 폭행사건과 대리서명 거부는 전국적으로 큰 뉴스거리여서, 많은 이들의 관심을 오키나와로 집중시켰다. 오키나와현 지사의 행동은 상당한 지지를 받았고, 이를 비판하는 목소리는 거의 없었다고 해도 좋을 것이다. 중앙집권의 흔적이 남아 있던 지방자치제도는 35년 전에 맺어진 미·일 안보조약이나 지위협정과 아울러 너무 낙후되어 현실을 좇아가지 못하는 상태였다. 이미 지방분권을 추진하자는 주장이 꽤 공감을 얻고 있어, 그 또한 순풍이 되었다.

일본 정부의 반격

예상치 못했던 지사의 대리서명 거부로 낭패를 본 일본 정부는 어떻게든 지사를 설득하려 했지만 구체적 설득 자료가 없었다. 하는 수 없이 정부는 지사를 상대로 직무집행명령소송을 거는 한편, 미국 정부와 협의해 오키나와 기지 정리 축소와 지위협정 재고를 검토하기 위한 '미·일 특별행동위원회(SACO)**'를 설치했다. 이즈음 예정되었던 클린턴 미 대통령의 일본 방문은 국내 사정을 이유로 연기되었다.

일본 수상이 지사를 상대로 재판을 걸고 일본 국가와 오키나와 사회가 대결하는 이 전대미문의 사태는 오키나와 민중들에게 "자신의 일은 스스로 결정해야 한다"는 자기결정권에 대한 의욕, 다시 말해 자립사상을 강화시켰다. 현민대회에서 의사를 표시하거나 현지사가 행동한 것만으로는 아무래도 문제가 해결될 전망이 보이지 않자, 초조해진 민중들은 주민투표 실시를 향해 움직이기 시작했다.

그렇게 해서 1996년 9월 8일, 전국에서 처음으로 현민투표가 실시되었다. 약 60%의 유권자가 투표에 참가하여 그중 90%가 찬성표를 던졌다. 전 유권자의 53%가 기지 정리 축소와 지위협정 재고에 찬성한 것이다.

유권자의 반이 넘는 사람들이 투표 행동을 통해 자기 의사를 명확하게 표시했다는 것은 여론조사나 서명운동 숫자와는 전혀 다른

---

* 정식 명칭은 '오키나와의 미군기지에 관한 특별행동위원회'이다.

무게를 지닌다. 오키나와에서 주민투표가 실시되기 한 달 전, 인구 약 3만 명의 니가카(新潟)현 마키(券)정에서도 원자력발전소 건설 문제를 둘러싸고 주민투표가 실시되어 전 유권자의 반이 넘는 사람들이 원자력발전소 건설에 반대표를 던졌다.

그런데 일본 수상이 오키나와현 지사를 상대로 재판을 건 직무집행명령소송에서 후쿠오카(福岡)고등재판소 나하 지부는 불과 3개월 만에 신속하게 심리를 진행하여 현 측에 패소 판결을 내렸다. 그래도 지사가 재판소의 직무집행명령을 따르지 않자 하시모토(橋本) 수상은 직접 서명을 대행했다. 지사는 패소 판결에 불복하여 최고재판소에 상고했다.

한편 수상이 대리서명하자 나하 방위시설국장은 '오키나와현 수용위원회'에 10년간 강제사용을 재결해달라는 신청서를 제출했다. 이제 공고·종람 절차만이 남아 있었다. 강제사용 대상인 반전지주의 토지는 13개 시설과 10개 시·정·촌에 걸쳐 있었다. 10개 시·정·촌 가운데 이에무라(伊江村)를 제외하고 나머지 9개 시·정·촌장은 공고·종람 절차를 거부했다. 지사 역시 대행을 거부했다.

그러자 하시모토 수상은 다시 지사를 상대로 공고·종람 대행에 관한 직무집행 행정명령소송을 걸었다. 이 재판이 진행 중이던 1996년 8월 28일, 최고재판소 대법정은 대리서명 재판에 관한 오키나와현 지사의 상고를 기각하는 판결을 내렸다.

그런 가운데 1995년 11월 일본 방문을 취소했던 클린턴 미 대통령은 그로부터 반 년 뒤인 1996년 4월 일본을 방문했다. 클린턴의 방일 직전에 미·일 특별행동위원회는 오키나와 기지 정리 축소에 관한 중간보고를 정리했고, 미·일 안보협의회*가 이를 승인했다. 하시모토 수상은 "후텐마(普天間) 비행장의 전면 반환"이 중간보고의 핵심이라고 강조하며, 클린턴 미 대통령과 정상회담을 가진 직후 '미·일 안보공동선언'을 발표했다. 안보조약 조문에는 손도 대지 않고 안보체제를 실질적으로 강화하는 이 수법은 1969년 11월 사토 수상과 닉슨 대통령의 공동성명을 답습한 것이었다.

또한 후텐마 기지 반환에는 "현 내의 다른 곳으로 기지시설을 이전시키며 전쟁이 일어날 경우 민간시설도 군사적으로 이용하는 것에 관하여 공동연구한다"는 조건이 붙어 있었다. 해병대 헬리콥터 기지인 후텐마 비행장은 도시화가 진행되는 인구밀집지대의 한복판에 위치해 항상 사고의 위험이 도사리고 있었으므로, 오키나와 현에서도 제일 먼저 후텐마 기지 반환을 요구하고 있었다. 그러나 미·일 양국 정부가 주장하는 방식의 후텐마 기지 반환은, 바꿔 말하자면 지은 지 50년이 지난 낡은 기지에 일본 정부가 전액 자금을 대 최신식으로 새로 짓는다는 것이었다. 사실상 반환이 아니라 이

---

* 정식 명칭은 '미·일 안전보장협의위원회'이다.

전 설치에 불과했다. 게다가 '전쟁이 일어날 경우 민간시설(항만시설이나 항공)을 군사적으로 이용하는 것에 관해 공동연구한다'는 따위의 조항은 후텐마 기지 반환과 전혀 차원이 다른 미·일 군사협력의 강화였다. 이 또한 오키나와 반환을 요구하는 민중운동을 이용하여 안보체제를 강화한 1972년 오키나와 반환정책을 본받은 것이라 하겠다. 여기에는 어떤 경우에도 자국의 이익을 고려하는 만만치 않은 미국 외교와 거기에 끌려 다니는 원칙 없는 일본 외교가 그대로 드러나 있다.

현민의 기대를 저버린 오타 지사

현민투표 결과에는 이러한 상황에 대한 불만이 반영되어 있었다. 그런데 정작 오키나와현의 오타 지사는 현민투표 바로 이틀 뒤에 하시모토 수상과 회담을 가진 다음, 공고·종람 대행에 응하겠다는 의사를 밝혔다.

지사의 돌변한 태도에 사람들은 놀라지 않을 수 없었다. 그러나 나중에 회고해보면 그 징조는 이미 여러 곳에서 보이고 있었다. 타협점을 찾는 정부와 현 당국의 물밑 교섭은 꽤 일찍부터 진행되고 있었다고 봐야 할 것이다. 지사는 민중의 분노에 떠밀려 대리서명을 거부하기는 했지만, 쳐들어 올린 주먹을 내릴 시점을 계속해서 모색하고 있었는지 모른다. 결국 오타 지사는 자립에 대한 의지가 부족했으며, 중앙정부에 의존하는 체질을 벗어나지 못했다고 하겠다.

하시모토 수상과 오타 지사의 회담 이후 내각 결정에 따른 수상 담화가 발표되었는데, 그 내용은 기지 정리 축소와 지위협정 재고에 관한 한 미·일 특별행동위원회의 중간보고에서 한 발짝도 벗어나지 않은 것이었다. 계속 노력하겠다는 추상적인 말뿐이었다. 구체적인 것은 50억 엔의 특별조정비를 예산에 올려 오키나와 진흥책을 추진하겠다는 약속뿐이었다.

기지 정리 축소의 실체

오키나와현은 정부에 기지 정리 축소를 요구할 때 '기지 반환 행동프로그램'을 제기했는데, 그것은 2015년까지 기지를 모두 폐지하는 것을 목표로 3기로 나누어 단계적으로 철거(정리 축소)해 나간다는 것이었다. 기지 반환 행동프로그램에는 오키나와를 국제도시로 만든다는 구상이 함께 들어 있었다. 이 구상은 몇 년 전부터 현이 검토하던 것을 기지 정리 축소 계획과 관련시킨 것이었다.

기지 반환 행동프로그램 제1기는 3차 진흥개발계획이 종료되는 2001년까지, 제2기는 국가의 새로운 전국 종합 개발계획 목표연도인 2010년까지, 제3기는 국제도시 형성 구상의 목표 연도인 2015년까지로 되어 있다. 즉 3차 진흥개발계획의 연장선상에서 전국 종합 개발계획과 행동프로그램을 연결시켜 국가의 방대한 공공자금을 끌어들여 국제교류의 거점을 건설하고 이것과 기지를 대체시킨다는 계획이었다.

바꾸어 말하면, 이는 정부가 난색을 표하고 있는 기지 철거 문제를 정부의 재정지원에 의존하여 실현하려는 것이었다. 이 구상에는 자립에 동반되는 고통을 함께 참아내자는 민중에 대한 호소가 들어 있지 않았다. 오히려 지사가 공고·종람 대행을 응낙한 것은 현민투표에 나타난 민중의 각오—자립에 수반되는 고통을 참아내자는—에 찬물을 끼얹은 격이었다.

한편 안보체제 강화를 지향하는 일본 정부는 기지 면적이 다소 축소되더라도 기지의 기능을 유지·강화시키는 방향으로 정책을 취했다. 지금까지 투입한 금액 이상의 재정자금을 투입하여 기지 과중 부담에 대한 민중의 불만을 완화시키고, 기지에 의존하고 공공투자에 의존하는 체질을 더욱 심화시켰다. 지사와 정부의 타협점은 그 접점에서 성립되었다.

전환기에 선 오키나와의 투쟁

어쨌든 지사가 대행을 응낙함으로써 1995년 가을 이후 현 지사를 포함한 오키나와섬의 투쟁은 전환기를 맞이했다. 그러나 근본적인 문제는 하나도 해결되지 않았다. 후텐마 기지를 어디로 이전시키느냐 하는 문제만 해도 현 내의 각지를 전전한 끝에 해상으로 귀결됐지만, 해상에 건설 예정인 헬리포트(헬리콥터 전용 비행장)는 아직도 종착역이 보이지 않는 상태에서 표류를 계속하고 있다. 미군용지 강제사용 문제도 정부가 방침을 변경하지 않는 한 반전지주를 중심으로 끈질긴 투쟁이 계속될 것이다.

안보 재정의는 한국과 중국을 비롯한 아시아 민중들에게 군사적 위협을 가하는 것일지언정, 우호와 공존의 손을 내미는 것이 아니다. 미일동맹을 기본으로 제2차 세계대전 패전 이후 일본이 걸어온 길은 대만 출병 이후 근대 일본이 부국강병의 길을 걸었던 것과 형태만 바뀌었지 본질은 여전히 반복되는 듯한 점이 없지 않다. 그 길이 파국으로 치닫기 전에 일본은 궤도 수정을 할 수 있을까?

오키나와 민중의 인권과 평화, 자립을 추구하는 투쟁은 바로 그 궤도 수정을 요구하는 투쟁이다. 그리고 그것은 평화를 희구하는 국민들의 공통 과제이며, 아시아 민중들의 바람이기도 하다.

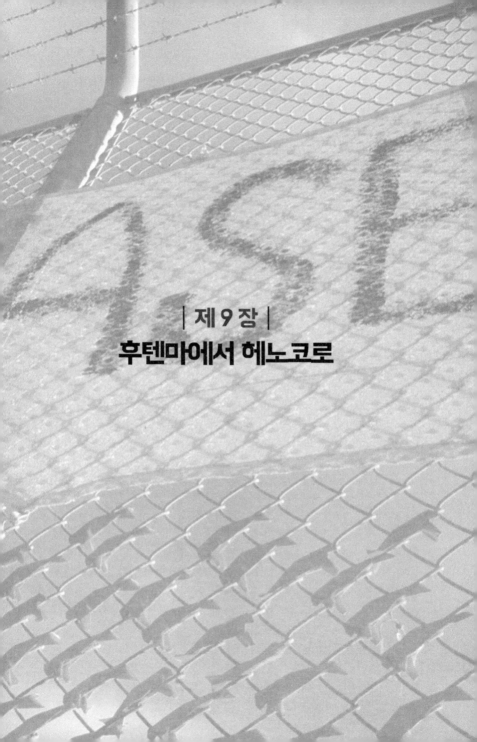

| 제 9 장 |
후텐마에서 헤노코로

"

1960년대 후텐마 기지는 일본 본토에서 이주해 온 해병대 기지였다. 동서냉전이 완화되어 종언을 고하는 국제정세의 변화 속에서, 지역발전에 걸림돌이 되는 후텐마 기지는 오키나와 현민의 요구에 따라 반환이 결정되었다. 그러나 후텐마의 반환에는 조건이 붙어 있었다. 후텐마를 돌려주는 대신 오키나와의 기지 기능을 저하시킬 수는 없으므로 다른 기지를 제공하라는 것이었다. 후보지로 오른 곳이 나고시 동해안의 헤노코였다. 후텐마를 대신할 기지를 헤노코에 만들면 이전부터 있던 캠프 슈와브와 연결해 군사적 효율성을 높일 수 있었다. 결국 후텐마 기지뿐 아니라 미·일 합의에 의한 미군기지의 정리 축소란 일본의 자금으로 노후화한 기지를 최신 기지로 바꾸는 것에 지나지 않았다.

"

1995년 가을, 미군의 흉악범죄가 발단이 되어 폭발한 민중의 분노를 진정시키고 미일동맹을 안정·강화시키기 위해 미·일 양국은 오키나와의 미군기지 중 약 20%를 정리 축소하기로 합의했다. 그 중심이 후텐마 비행장(후텐마 기지)의 반환이었다.

 후텐마 기지는 기노완(宜野湾)시 중앙을 도너츠 모양으로 도려낸 것 같은 형태로 존재하고 있다. 아시아태평양전쟁 전에 이 장소는 기노완 마을의 중심지여서 마을사무소와 국민학교가 있었고 몇몇 부락이 산재해 있었으며 주변에는 풍요로운 전답이 펼쳐져 있었다. 후텐마 기지는 시 면적의 약 25%를 차지하고 있다.

 앞에서 언급했듯이 오키나와전 당시 이곳은 미·일 양군의 격렬

후텐마 기지   기노완시 중앙에 자리잡은 후텐마 기지. 시 면적의 약 25%를 차지하고 있다.

한 전투장이었다. 오키나와섬 중부에 상륙한 미군이 일본군 사령부가 설치된 슈리(首里, 현재 나하시의 일부)를 목표로 남하하자, 이를 저지하려는 일본군이 미군과 격돌했다. 여기 살던 사람들은 전투에 휘말려 목숨을 잃기도 하고, 미군에게 붙잡혀 북부의 수용소로 보내지기도 했다.

섬의 남부에서 전투가 계속되던 1945년 6월, 미군은 이곳에 후텐마 비행장을 만들었다. 일본을 폭격하기 위한 기지였다. 평범한 사람들이 삶을 영위하고 생산하던 장소는 비행장을 만드는 데도 적합했다.

이윽고 전쟁이 끝나고 일본 각지로 도망가거나 미군 수용소에 갇혔던 이들이 돌아와 보니, 자신들이 살던 곳은 미군기지가 되어 있었다. 사람들은 기지에 달라붙어 생활하지 않을 수 없었다.

1960년대에 후텐마 기지는 일본 본토에서 이주해 온 해병대 기지가 되었다. 동서냉전이 완화되어 종언을 고하는 국제정세의 변화 속에서, 지역발전에 걸림돌이 되는 후텐마 기지는 오키나와 현민의 기지반환 요구의 첫 번째 목표가 되었다. 후텐마 기지의 반환에는 이러한 배경이 있었던 것이다.

그러나 후텐마의 반환에는 조건이 붙어 있었다. 후텐마를 돌려주는 대신 오키나와의 기지 기능을 저하시킬 수는 없으므로 다른 기지를 제공하라는 것이었다. 그 후보지로 오른 곳이 나고시 동해안의 헤노코(辺野古)였다. 헤노코 연안의 해상에 헬기 기지를 만든다는 것이 최초의 안이었다. 도심에 있는 후텐마 기지 주변에는 소음 피해나 다양한 위험성에 노출될 우려가 있는 8만 5천여 명의 주민이 살고 있지만, 인구가 적은 헤노코에는 수백 명밖에 살지 않는다는 이유를 댔다.

그러나 실은 후텐마를 대신할 기지를 헤노코에 만들면 이전부터 있던 캠프 슈와브와 연결해 군사적 효율성을 높일 수 있다는 점이

오키나와섬의 미군기지

캠프 슈와브
캠프 한센
가데나 탄약고지역
가데나 비행장
후텐마 비행장
나고시
북부훈련장
헤노코 기지 예정지
나하시

더 중요했다. 미군은 이미 1960년대 후반부터 헤노코에 새로운 기지를 만들 계획을 가지고 있었는데, 베트남 반전운동의 고조와 미국 측의 재정난 때문에 계획이 수면 아래 가라앉아 있다가 후텐마의 대체시설을 논의하면서 되살아났던 것이다. 결국 후텐마 기지뿐 아니라 미·일 합의에 의한 미군기지의 정리 축소란, 일본의 자금으로 노후화한 기지를 최신 기지로 바꾸는 것에 지나지 않았다.

나고시에서는 이 문제에 대한 시민들의 의견을 묻기 위해 주민투표가 실시되었다. 주민투표 결과, 과반수의 주민이 기지 수락을 거부했다. 그런데 당시의 히가 데츠야(比嘉鉄也) 나고시장은 하시모토(橋本) 수상과 회담한 뒤, 정부의 재정지원에 의한 지역진흥과 맞바꾸는 조건으로 기지를 받아들이고 본인은 사임하겠다는 결단을 내렸다. 오타 마사히데(大田昌秀) 지사는 처음에는 이 문제에 대해 현지의 의향을 존중한다는 식의 애매한 태도를 보이다가, 나고시장의 민의를 무시한 결단에 반발하는 나고시 시민들과 현민의 여론에 떠밀려 기지 수락에 대한 거부 의사를 표명했다. 그러자 정부는 오타 지사를 고립시키려 했다.

기지 수락의 대가인 정부의 재정지원과 진흥책이 오키나와 경제를 뒷받침한다고 여기던 경제인과 보수 정치가들은 오타 지사의 목을 비틀어 경질시키는 쪽으로 움직였다. 그렇게 해서 오키나와 경영자협회 회장이었던 이나미네 게이치(稲嶺恵一)가 새로운 오키나와현 지사로 뽑혔다. 이나미네 지사는 해상 헬기 기지에는 반대하지만 지역발전에 도움이 되는 군민공용 공항이라면 받아들이겠다는 입장을 밝혔다.

결국 1999년 12월, 정부와 이나미네 지사와 기시모토 다케오(岸本建男) 나고시장 사이에서 15년 사용기한을 정한 군민공용 공항 건설이 확정됐다. 장소는 헤노코에 인접한 바다의 2km 암초상으로 정해졌다. 이나미네 지사와 기시모토 나고시장은 이를 '괴로운 선택'이라고 표현했다. 기지에 반대하는 오키나와의 여론과 정부의 압력이라는 진퇴양난 속에서 궁리해낸 절충안이라는 의미일 것이다.

그런데 일본 정부는 2005년 10월 이 합의안을 오키나와 측과 아무런 상의도 없이 일방적으로 파기하고 새로운 미·일 합의안*을 발표했다. 미 국방성 보고서에 따르면, 이 기지는 내구연수 200년, 운용연수 40년으로 되어 있다. 그간 미국에서는 이른바 동시다발 테러가 일어나 대테러전쟁이 시작되었고, 후텐마 기지의 미군 헬기가 근처 오키나와 국제대학에 추락하는 사고도 발생했다.

어쨌든 일본 정부가 오키나와 측의 의향을 완전히 무시한 것은 오키나와의 보수 정치가들에게도 큰 충격을 안겨주었다. 오키나와가 자기주장을 강하게 내세우지 않으면 오키나와의 미래는 어둠 속에 갇혀버리고 말 것임을 깨달은 것이다. 이나미네 지사는 미 해병대의 오키나와 현외 이주를 주장하기 시작했고, 이나미네 지사의 강력한 지지자였던 오나가 다케시(翁長雄志) 나하시장도 후텐마의 대체시설은 오가사와라(小笠原) 제도의 이오지마(硫黃島)에 있는 자위대 기지로 옮겨야 한다고 제안했다. 이나미네 지사의 뒤를 이은 나카이마 히로카즈(仲井眞弘多) 지사는 기지를 좀 더 바다 앞쪽에

---

* 2006년 5월에 일부 수정되어 현재의 안이 됨.

건설해야 한다고 주장했다.

이 시기 일본은 고이즈미(小泉) 정권에서 제1차 아베(安倍) 정권으로 넘어간 시점이었다. 고이즈미 수상의 야스쿠니신사 공식 참배와 아베 수상의 '전후체제로부터 탈각', 헌법 개정과 같은 주장은 주변 여러 나라들과의 관계를 악화시킴과 동시에 일본 국내정치도 긴장시켜 정권 교체에 대한 바람이 모아지기 시작했다. 그리하여 2009년 9월, 정권 교체로 등장한 하토야마(鳩山) 민주당 정권은 동아시아 근린 제국과의 관계개선을 내걸고 대(對)오키나와 정책으로 '후텐마 대체시설의 국외 이전, 최소한 현외 이전'을 공약하여 오키나와의 다수 여론으로부터 지지를 얻었다. 중앙정부의 강한 압력으로 조건부 현내 이전 용인의 입장을 취할 수밖에 없었던 자민당 오키나와현련(県連)과 공명당 오키나와현본부도 자민당과 공명당이 정권의 자리에서 물러나자 현외 이전으로 방침을 바꾸었다.

그러나 하토야마 정권은 수구파의 집중포화를 받아 1년도 채 지나지 않아 좌절에 부딪혔다. 그 주된 요인은 세 가지였다.

첫째, 하토야마 정권은 그보다 반 년쯤 전에 성립한 미국의 오바마 민주당 정권에 큰 기대를 걸고 있었는데 그 기대가 어긋났다. 하토야마 민주당 정권은 오바마(Barack Obama) 대통령이 특히 정권 초기에 했던 핵무기 근절 발언이나 이슬람세계를 향한 화해 발언을 높이 평가해, 오바마 정권과 손잡고 협력적인 미일관계를 심화시킬 수 있을 것으로 기대했던 것이 틀림없다. 그런데 노벨평화상을 수 상한 오바마의 발언은 결국 공언으로 끝나버렸다. 후텐마에 대해 서도, 부시 정권에서 잔류한 게이츠(Robert Gates) 미 국방장관은 하토 야마 정권의 정책 변경을 인정하려 들지 않았다.

두 번째는 일본 외무성과 방위관료의 대미추종적 태도였다. 뒤에 위키리크스(www.wikileaks.org) 등에 의해 밝혀진 바에 따르면, 후텐마 헤 노코 문제에 관여한 일본 관료들은 미국 측에 하토야마 정권의 정 책 수정에 응하지 말아달라고 로비를 벌이기까지 했다.

마지막으로, 전후의 미일관계를 재조정할 가능성조차 시야에 넣 지 못했던 일본 매스미디어의 경직된 사고를 들 수 있겠다.

결국 하토야마 정권은 공약을 휴지조각처럼 내던지고 퇴진했 다. 이후 민주당 정권은 후텐마 헤노코 문제를 원위치로 되돌려 헤 노코 신기지 건설의 수속을 밟아 나갔다. 그러자 오키나와의 여론 은 이를 격렬하게 규탄했고, 시민운동은 한층 더 고양되었다. 2010 년 가을의 지사 선거 당시 자민당과 공명당의 공천을 받은 나카이 마 히로카즈는 선거공보물을 통해 "전국의 0.6% 면적에 74%의 미 군기지는 이제 싫다", "후텐마 기지를 현외로 이전하라", "[일본] 전 체 국민의 문제로 일본의 안전보장을 생각해야 한다"고 호소했다. 이미 오키나와는 어떤 조건을 붙여도 신기지의 현내 건설은 인정 할 수 없다는 분위기가 지배적이었다. 이때 나카이마 히로카즈 진영의 선거본부장이 오나가 다케시 나하시장이었다.

| 제 10 장 |
'올 오키나와'의 형성

"

2014년 11월 지사 선거를 앞두고 정치의 초점은 미군기지 확장 이전 문제였다. 군사기지 설립에 명확한 반대의사를 표명한 오나가 다케시 나하시장을 지사 후보로 추대하면서 보수와 혁신을 뛰어넘어 자립적 시민을 중요한 담당자로 하는 공동투쟁체제가 만들어졌다. 아베 정권은 선거 전에 매립공사를 강행하려 했지만, 이는 운동의 열기를 더해주는 역효과만 낳았다. 오나가 다케시 후보는 과반수의 득표를 얻어 지사 선거에서 압승했다. 12월의 중의원 선거에서도 4개 선거구 모두에서 '올 오키나와' 공동투쟁파가 승리했다.

"

이러한 상황 속에서 2011년 6월 일본 정부는 2012년 가을 후텐마 기지에 '오스프레이(OSPREY)'를 배치하겠다고 오키나와에 통고했다. 신형수송기 오스프레이는 1990년대부터 후텐마의 대체 기지에 배치가 예정되어 있었는데, 사고 발생율이 높은 점 등 우려가 제기되자 일본 정부가 미국 측에 그 배치 계획을 명확히 밝히지 말아달라고 요청한 바 있었다. 그 오스프레이의 배치를 갑자기 통고해 온 것이었다.

　이에 대해 오키나와에서는 다양한 반대의사 표명이 있었고, 2012년 9월에는 9만 5천 명이 결집하여 '현민대회'가 열리기도 했다. 대회 실행위원회의 공동대표에는 오나가 다케시 오키나와시장회(市

長嶺) 회장이 현의회 의장, 연합오키나와 회장 등과 함께 이름을 올렸다. 이 대회를 무시하고 오스프레이를 강행 배치한 것에 항의해 후텐마 기지의 게이트 앞에서 개최된 항의집회는 연좌농성에 의한 기지 봉쇄 행동으로 발전했다. 그 후 매일같이, 3년을 넘긴 현재까지도 비가 오건 바람이 불건, 후텐마 기지의 두 게이트 앞에서는 미군의 출퇴근 시에 오스프레이와 해병대 철수를 직접 미군에게 호소하는 행동이 전개되고 있다.

현민대회 실행위원회는 오스프레이 배치 철회, 후텐마 기지의 조기 폐쇄와 반환, 헤노코 신기지 건설 반대를 요구하는 '건백서'와 함께 현의 모든 시장과 읍면장 혹은 그 대리자 등으로 구성된 150여 명 규모의 대표단을 도쿄로 보내기로 했다. 확실히 '올 오키나와', '섬 전체'의 행동이었다. 당초에는 2012년 내에 도쿄에 보낼 예정이었는데 여러 방면에서 한계를 드러낸 노다(野田) 민주당 정권이 갑작스레 국회를 해산함에 따라, 이듬해인 2013년 1월로 미뤄지고 요청 상대도 자민당과 공명당의 연립인 제2차 아베 정권으로 바뀌었다. 150여 명의 상경단은 1월 27일 히비야(日比谷) 야외음악당에서 'NO OSPREY 도쿄집회'를 개최했다.

집회에는 전국의 오키나와현인회와 오키나와의 투쟁에 공명하는 간토(関東) 주변 시민단체, 개인 등 약 4천여 명이 모였다. 그런데 집회 참가자들이 긴자(銀座) 거리를 행진하려 할 때, '일장기'와 미국의 성조기를 내건 '재특회(재일조선인의 특권을 허락하지 않는 시민모임)' 등의 우익단체가 나타나 "매국노!" "일본에서 꺼져!" 등의 폭언을 퍼부었다. 1950년대 중반부터 오늘날까지 다양한 요청과 요구를 지참한 행동단이 오키나와에서 전국 각지로 나가곤 했지만 '헤이트 스피치'를 당한 것은 처음이었을 것이다. 일본은 그런 시대가 되었다. 행동단에 참가한 현의회의 한 사람은 "일본에서 꺼져!"라는 폭언을 들었을 때 "'그러면 그렇게 할까요?'라고 말하고 싶어졌다"는 심정을 토로하기도 했다.

1월 28일 상경단과의 면담을 망설이던 아베 수상은 5분간 상경단을 만나 현의 모든 시장과 읍면장이 서명한 '건백서'를 건네받고 오키나와의 요청에 대해서 "내 나름의 생각이 있다"고 응수했다. 그리고는 2월에 열린 미·일 정상회담에서 미국 측이 강하게 요구한 것도 아닌데 아베 수상이 나서서 적극적으로 집단적 자위권을 용인함과 동시에 헤노코 신기지 건설을 촉진시키겠다고 약속했다. 미일동맹을 강화해 대(對)중국 대결노선을 취하려는 아베 정권은 그 역사인식 등에 의구심을 보이던 미국 측에 집단적 자위권 용인과 헤노코 신기지 건설 약속을 앞세워 접근하고자 했던 것이다. 뒤이어 3월에는 오키나와현 지사에게 헤노코 공유수면 매립승인 원서를 제출했다. '올 오키나와'와 일본 정부의 대결구도가 선명해졌다.

정부는 다양한 수단으로 오키나와에서 선출된 자민당 소속의 국회의원과 자민당 오키나와현련, 나카이마 히로카즈 오키나와현 지사를 위협하거나 회유함으로써 오키나와의 방침 변경을 압박했다. 먼저 국회의원과 자민당현련이 무릎을 꿇었고, 예산 절충을 명목으로 도쿄에 불려갔던 나카이마 히로카즈 지사도 건강이 악화되어 도쿄의 한 병원에 갇힌 상태에서 매립승인을 약속했다.

이러한 배반 행위에 오키나와 여론은 들끓었다. 신문 투고란과 사설에는 분노의 의견이 흘러넘쳤고, 나하시의회는 매립승인에 항의하는 의견서를 채택했으며, 오키나와현의회는 지사 사임요구안을 결의했다.

지사의 매립승인으로부터 대략 20일 뒤인 2014년 1월 19일, 나고시장 선거가 시행되었다. 이 선거에서 헤노코 신기지 건설 반대를 주장하는 현직 시장인 이나미네 스스무(稲嶺進)가 크게 승리했다. 이 선거의 특색 중 하나는 지난 선거에서 자민당 공천 후보를 지지한 경제인 일부와 모든 자민당원이 이나미네 지지로 돌아선 것이었다. 그럼에도 불구하고 정부는 선거에 나타난 민의를 무시하고 선거 직후부터 매립공사와 작업장 설계 등의 조사, 설계 하청업자 모집 등의 입찰수속을 속속 강행했다.

시민들 사이에서는 지사 리콜운동을 벌이자는 의견도 나왔지만, 그해(2014년) 11월에 지사 선거가 예정되어 있어 정치의 초점은 지사 선거를 향해 움직이기 시작했다. 나하시의회 여당인 '자민당 신풍회(新風会)'는 이미 야당 각파와 제휴해 '매립에 반대한다'는 시의회 결의를 낸 바 있었는데, 2월이 되자 신풍회계 나하시의회와 혁신계 현의회 등이 경제인과 대학교수, 언론인, 시민운동 활동가 등을 폭넓게 끌어들여 '오키나와 건백서를 실현해 미래를 개척하는 섬 전체회의'의 결성을 목표로 움직이기 시작했다. 2013년 1월의 '건백서'를 기초로 한 공동투쟁체제를 확립하려고 한 것이다. 이러한 움직임을 배경으로 신풍회계 나하시의회와 현의회의 야당 혁신 각파의 현 지사 후보선출위원회 사이에서 현 지사 선거에 오나가 다케시 나하시장을 추대하려는 움직임이 나왔다.

당초에는 반기지 운동을 비롯한 각종 시민운동, 주민운동을 하던 사람들 대부분이 오나가 다케시 나하시장의 추대에 의구심을 표명했다. 도시계획과 초등학교 통폐합 문제 등을 둘러싸고 오나가 다케시 시장과 대립한 사람들도 적지 않았기 때문이다. 그들 중 일부는 스스로 의구심을 풀기 위해 오나가 다케시 시장에게 직접 면담을 신청했고, 시장도 그에 응했다. 그리고 쌍방이 "이제 더 이상 오키나와에 새로운 군사기지를 받아들여서는 안 된다"는 점에 완전한 의견일치를 보았다. 이렇게 해서 보수와 혁신을 뛰어넘어 자립적 시민을 중요한 담당자로 하는 공동투쟁체제가 만들어졌다.

그런 가운데 아베 정권은 집단자위권 용인을 각의결정하고 동시에 2014년 7월 해상보안청과 경찰력을 총동원해 매립공사에 착수

오나가 다케시 지사 오키나와현 지사 선거에서 승리한 오나가 다케시가 2014년 12월 12일 정례 현 의회에서 소신을 표명하고 있다.

했다. 선거 전에 매립공사를 강행해 돌이킬 수 없는 기정사실을 만들어버림으로써 민중의 무력감과 체념 분위기를 부추겨 헤노코의 시시비비를 선거 쟁점에서 제외하기 위해서였다.

그러나 이는 역효과였다. 캠프 슈와브의 게이트 앞에는 많은 시민과 주민들이 주저앉아 공사 차량이 기지 안으로 들어가는 것을 저지했으며, 해상에서는 카누와 작은 배를 탄 사람들이 항의 행동을 전개했다. 그들에게 현지 관광기업과 수산가공업 등에 종사하는 사람들이 물이나 식료품 등을 제공하는 지원활동을 펼치는 광경도 볼 수 있었다.

9월에 개최된 헤노코 집회에서 11월의 지사 선거에 입후보를 표명한 오나가 다케시는 모든 수단을 동원해 신기지 건설을 저지하겠다고 약속했다. 오나가 다케시 후보는 나카이마 히로카즈 전 지사를 포함한 3명의 대립 후보가 획득한 표를 웃도는 과반수의 득표를 얻어 압승했다. 이어 12월의 중의원 선거에서도 4개 선거구 모두에서 '올 오키나와' 공동투쟁파가 자민당을 깨고 승리했다.

| 제 11 장 |

국가와 오키나와현의 대결

"

어떤 수단을 사용해서라도 신기지 건설을 강행하려는 국가와 이를 단호히 저지하려는 오키나와현의 분쟁은 법정으로까지 번진 상황이다. 그런 가운데 오키나와의 투쟁은 전국적인 여론의 지지를 얻고 있다. 해외 지식인들도 헤노코 신기지 건설의 부당성을 지적하는 성명을 거듭 발표하고 있다. 헤노코 신기지 건설은 단순히 하나의 군사기지를 건설하는 문제가 아니라, 평화와 민주주의, 소수파 자기결정권의 본연의 자세를 묻는 문제가 된 것이다.

"

현 지사 선거에서 승리한 다음 날, 오나가 다케시는 언론사와의 인터뷰에서 우선 민의를 존중해 헤노코 이전 계획을 단념해달라고 정부에게 요구했다. 그리고 나서 전 지사의 매립승인에 많은 의혹이 있으므로 검증하지 않을 수 없다며, 검증 결과 [매립승인을] 취소, 철회할 것을 검토할 수 있다고 했다. 다만 "[일본] 정부가 멈춰주길 기대한다. 절차를 고려하지 않고 처음부터 철회 운운하면 정부와의 신뢰관계에 금이 갈 수 있다"며, 어디까지나 정부와 신중하게 논의하겠다는 입장을 표명했다. 이에 대해 스가 요시히데(菅義偉) 관방장관은 같은 날의 기자회견에서 선거 결과에 관계없이 "헤노코 이전은 담담하게 진행하겠다"고 단언했다.

2014년 12월 10일, 정식으로 지사에 취임한 오나가 다케시는 취임인사를 위해 정부 관계자에게 면회를 요구했지만 정부는 이를 거부하고 일정 조정에도 응하지 않았다. 그리고 전 지사의 매립승인을 유일한 근거로 1년간에 걸쳐 모든 선거에서 나타난 민의를 무시한 채 저돌적으로 공사를 강행했다. 만일 법정에서 싸우더라도 '소송의 이익 없음'으로 판단되는 상태가 될 때까지 기정사실을 쌓아두려고 했다.

이에 대해 오나가 지사는 2015년 1월 26일, 전 지사의 매립승인의 하자 유무를 검증하는 '제3자 검토위원회'를 설치하면서 약 반년 후에 그 검증 결과가 나올 때까지 공사를 중단해달라고 정부에 요청했다. 그러나 정부는 지사가 공사 중단을 요청한 다음 날부터 보란 듯이 최대 45톤의 시멘트 블록을 투입하기 시작했다.

실은 전년(2014년) 9월의 태풍으로 공사 해역을 나타내는 부표와 뗏목을 고정한 2백 개 이상의 강철닻이 약 절반가량 해류에 떠밀려간 상태였다. 이를 대신하는 것이 거대한 시멘트 블록이었다. 그 시멘트 블록이 산호초를 파괴한다는 보도가 있어 현이 실태조사를 하려 했지만, 일본 정부와 미군은 인정하지 않았다. 현장에서의 항의 행동에 대해서도 해상보안청과 경찰, 미군(경비원)의 폭력적인 탄압이 점점 심해지기만 했다.

논의에도 진척이 없고 정부의 공사 강행으로 궁지에 몰린 지사는 3월 23일, 사업자인 오키나와방위국에 대해 시굴조사를 포함한 해저면의 현상 변경 행위를 일주일 이내에 정지하라고 지시를 내렸다. 수자원 보호의 관점에서 허가를 받지 않은 암초 파쇄 행위가 될 개연성이 높다고 판단한 것이다.

이에 대해 오키나와방위국은 즉시 행정불복심사법에 근거해 수자원 보호를 관할하는 농림수산부장관에게 지사의 지시를 무효로 하는 '지시의 집행정지와 심사청구'를 요구했다. 행정불복심사법은 '행정청의 위법·부당한 처분'으로부터 '국민의 권리 이익의 구제를 도모'하기 위한 법률이다. 방위성의 하부 조직인 오키나와방위국이 농림수산부장관에게 심사청구를 할 수 있는지부터가 의문스러운 일이었다. 그러나 농림수산부장관은 오키나와방위국이 심사청구인으로 적격하다고 인정하고, 나아가 공사 작업을 정지하면 "미·일 양국 간의 신뢰성에 악영향을 끼쳐 외교·방위상의 손해 등 회복 곤란하고 중대한 손해"가 생긴다며 지사의 지시 집행을 정지했다.

이렇게 해서 정부는 지사의 작업정지 지시를 형식적으로는 막기는 했지만, 지사의 작업정지 지시라는 대항조치는 지사의 결연한 결의를 일본 국내외에 드러내는 것이 되었다. 또 국가기관이 국가기관에 심사청구를 실시해 국가기관이 판단을 내리는 얕은 정치적 술수에 대해서도 많은 의문과 비판이 제기되었다. 그 결과, 정부도 지금까지의 태도를 바꿔 관방장관과 아베 수상이 지사와 회담할 수밖에 없게 되었다. 정부의 방침전환은 4월 말에 미·일 정상회담이 예정된 것과도 관계가 있었다.

4월 5일에 처음으로 실현된 스가 요시히데 관방장관과 오나가 다케시 지사의 회담에서, 관방장관은 "헤노코 이전을 단념하는 것은 후텐마의 고정화로 연결된다"며 "헤노코 이전이 유일한 해결책"임을 강조했다. 이에 대해 지사는 "헤노코로 이전하지 못하면 정말로 후텐마 기지가 고정화되는가?"라고 되묻고, 오키나와의 미군용지 강제수용의 역사를 언급하면서 "헤노코의 신기지는 절대로 건설할 수 없다"고 맞섰다. 이 회담은 대화라기보다 서로의 주장만 맞부딪친 자리에 지나지 않았지만, 지사의 주장은 이를 흘려듣던 관방장관의 머리 너머로 텔레비전을 통해 직접 일본 전국의 안방에 전해져 큰 반향을 불러일으켰다. 오나가 다케시 지사는 4월 17일에는 미국행을 앞둔 아베 수상과도 회담하여, 오키나와의 압도적 민의는 헤노코 신기지 반대임을 오바마 미 대통령에게 전해달라고 요청했다.

4월 28일의 미·일 정상회담에서 아베 수상은 "오나가 다케시 지사가 헤노코 신기지를 반대한다"고 오바마 대통령에게 전한 뒤, 일본 정부는 "헤노코가 유일한 해결책이라는 입장에 흔들림이 없다"고 강조했다고 보도되었다. 또 아베 수상은 여름까지 집단적 자위권 용인을 법제화하는 안보 관련법을 국회에서 성립시키겠다고 약속했다. 중동 지역의 분쟁 확대와 중국의 남지나해 진출에 군사적 대응 능력이 약해지고 있던 미국에게 집단적 자위권 용인이라는 형태로 일본이 군사 협력을 확대하는 것은 미국의 군사적 대응 능력을 보강하기 위해서도 필요한 것이었다.

안보 관련법안이 중의원을 통과한 7월 16일, 오키나와현이 설치한 '제3자 검증위원회'는 나카이마 히로카즈 전 지사의 매립승인에 하자가 있었다는 방대한 보고서를 제출했다. 그 내용을 정밀하게 조사한 뒤 지사는 매립승인의 취소 수속을 개시했다. 또한 지사는 민의를 무시한 헤노코 신기지 건설 강행을 주제로 오키나와 사람들의 인권과 자기결정권이 무시당하고 있음을 유엔인권이사회에서 국제사회를 향해 호소했다.

10월 13일, 모든 수속을 끝낸 지사는 오키나와방위국에 매립승인 취소를 통지했다. 기다렸다는 듯이 오키나와방위국은 이튿날인 14일에 공유수면 매립법을 소관하는 국토교통대신에게 지사의 매립승인 취소 처분에 대한 심사청구와 집행정지를 제기했다. 이에 대해 10월 23일, 전국의 행정법 연구자 93명이 연명으로 "헤노코 매립승인 문제에 있어서 정부의 행정불복심사제도 남용을 우려한다"는 공동성명을 내기에 이르렀다.

그럼에도 불구하고 국토교통대신은 10월 27일, 지사의 매립승인

헤노코를 방문한 올리버 스톤 감독　2013년 8월, 영화감독 올리버 스톤이 헤노코의 농성 텐트를 방문하여 연대와 지지를 표하고 있다. 사진은 『류큐신보』 제공.

취소를 집행정지함과 동시에 지방자치법에 근거해 대리집행 수속을 시작했다. 대리집행이란 지사의 처분이 공익에 반한다고 정부가 판단해 "다른 방법으로 시정하는 것이 곤란한 경우" 사법부의 판단을 얻어 정부가 지사를 대신해 매립승인을 실시하는 것이다. 그렇지만 정부는 한편으로 행정불복심사법을 이용해 지사의 처분을 집행정지한 상태이므로, 동시에 대리집행 수속을 밟을 수는 없었다. 행정불복심사법을 사용해 매립취소 처분을 집행정지한 상태에서 공사를 밀어붙여 많은 학자로부터 '행정불복심사제도의 남용'이 지적되고 있던 상황이었으므로, 보다 확실한 방법으로 대리집행 절차에 들어간 것으로 보인다.

이렇게 해서 12월 2일, 대리집행소송의 재판이 시작되었다. 이에 대해 현은 12월 25일, 국토교통대신이 행정불복심사법에 근거해 [지사의] 매립취소 처분을 취소한 것은 위법이라며, 항고소송을 제기했다. 어떤 수단을 사용해서라도 신기지 건설을 강행하려는 국가와 이를 단호히 저지하려는 현의 분쟁이 법정으로까지 번진 것이다.

이런 상황 속에서 오키나와의 투쟁은 앞서 언급한 행정법 학자들의 공동성명에도 나타나 있듯이, 전국적인 여론의 지지를 얻고 있다. 국제적으로도 언어학자 촘스키(Noam Chomsky), 영화감독 올리버 스톤(Oliver Stone) 등, 해외 지식인들이 헤노코 신기지 건설의 부당성을 지적하는 성명을 거듭 발표하고 있다. 헤노코 신기지 건설은 단순히 하나의 군사기지를 건설하는 문제가 아니라, 평화와 민주주의, 소수파 자기결정권의 본연의 자세를 묻는 문제가 된 것이다.

오키나와 현대사와 아라사키 모리테루
─어느 지식인의 삶과 투쟁

이 책의 저자 아라사키 모리테루는 현대 오키나와를 대표하는 지식인이다. 아마 이런 평가에 이론은 없을 것이다. 그는 나카노 요시오(中野好夫)와 함께 쓴 『오키나와 문제 20년』(岩波書店, 1965)을 시작으로 수십 권의 오키나와 관련 저서와 편저를 간행했다. 특히 1974년 오키나와 나하(那覇)시로 이사하면서부터 본토 각지를 분주히 오가며 오키나와에서 벌어지고 있는 반전운동, 공해반대 주민운동 등 갖가지 사회운동에 참여하고 있다.

'우치난츄'로서의 출발점

아라사키는 1936년 도쿄에서 태어났다. 부모의 고향은 오키나와

지만, 본인은 고등학교에 들어가기 전까지 오키나와와의 직접적인 관계를 자각하지 못했다고 한다. 오키나와가 그의 삶 중심에 자리 잡기 시작한 시기는 고등학교에 입학한 1952년경이었다. 당시 대일강화조약의 발효로 일본은 '평화국가'로서 독립을 회복했으나, 오키나와는 강화조약 제3조에 따라 일본에서 분리되어 미군의 직접 지배하에 놓이게 되었다.

> 1952년 4월 28일, 교장은 전교생을 교정에 모아놓고 일본 독립을 축하하는 만세삼창을 불렀다. 지금 생각해보면 단상에서 만세를 부르던 교장과 희희낙락하며 교장을 따라 만세를 합창하던 교사와 학생들의 모습을 팔짱 긴 채 바라보고만 있었을 때의 그 위화감과 소외감이 '우치난츄(沖繩人)'로서 나의 출발점이었다.(新崎盛暉, 『沖繩考』 中)

아시아태평양전쟁에서는 일본 본토 방위를 위한 시간벌기 작전의 희생물로서 오키나와를 전쟁터로 만들었고, 패전 후 일본의 재출발에 즈음해서는 다시 미군기지로서 오키나와를 떼어내 요새화함으로써 '평화 일본'이 출발할 수 있었다. 그 경축식장에서 느꼈던 소외감으로 말미암아 아라사키는 '우치난츄'로서의 자기 존재를 처음 인식했고, 그것은 자아 형성의 결정적 전기가 되었다. 그럼에도 아직 군국주의 교육이 몸에 배어 있던 그는 고등학교 웅변대회에 나가 "일본이 군사대국이 되어 전승국에게 **빼앗긴** 치시마(千島), 류큐(琉球), 오가사와라(小笠原)를 탈환할 때 비로소 일본은 독립했다고 말할 수 있다"고 주장하며, 재무장을 요구하는 우익 반미 내셔널리즘에서 그 자신과 오키나와 해방의 길을 모색했다.

그러나 얼마 지나지 않아 본토에서 미군의 보도규제가 해제되면서, 그는 히로시마(廣島)와 나가사키(長崎)에 떨어진 원폭 피해의 실상과 10만 명 가까운 민간인이 희생된 오키나와전의 참상을 접하게 되었다. 국가 군사력이 민중의 안전을 지키는 것이 아니라, 거꾸로 전장에서 비전투원을 대량학살—그것이 적국 미국의 원폭 투하이건 자국 일본 군대의 오키나와 주민학살이건—했음을 깨달았다.

그는 이때 자신의 가치관이 "산산조각 나버렸다"고 회상한다. 이때부터 제2차 세계대전의 반성과 회한에서 출발한 '반전 평화운동'과 '오키나와 해방'이라는 아라사키의 사상과 실천도 그 막을 올리게 되었다.

1956년 도쿄대 문학부 사회학과에 입학한 그는 3학년 때인 1959년 '성묘 및 친척 방문' 명목으로 미군 허가 도장이 찍힌 여권을 받아들고 처음으로 오키나와를 방문하여 관련 문헌자료를 수집했다. 대학을 졸업하고 오키나와에서 일하기를 원했지만, 자유롭게 갈 수 있는 사정이 아니어서 도쿄에 있는 '오키나와자료센터' 주임연구원으로서 본격적으로 오키나와 연구에 종사하게 되었다(1961

년. 당시 오키나와자료센터는 말이 자료센터이지 개인 사무실을 빌려 책상 하나 달랑 들여놓았을 뿐이었다. 재정적으로는 이렇게 어려운 상황이었지만, 일본에서는 오키나와 문제를 연구하는 유일한 기관이었다.

여기서 그는 오키나와 문제를 지속적으로 연구할 거점을 확보했고, 이후 동료들과 함께 『전후 자료 오키나와』, 『도큐먼트 오키나와 투쟁』 등 자료집 발간의 중심적인 역할을 했다. 지속적인 자료 수집·조사 활동을 토대로 오키나와 전후사 연구와 오키나와 일본 복귀 운동에 관한 시사평론 작업도 동시에 진행했다.

'시마구루미 투쟁'과 분단지배의 극복

오키나와 전후사 연구의 초점은 이 책에도 적혀 있는 1956년 6월 이후의 '시마구루미 투쟁(섬 전체 투쟁)'으로 집약된다. 강화조약 발효에서부터 '시마구루미 투쟁'에 이르는 4년 동안, 오키나와에서는 미군의 무력을 동원한 강제 토지접수, 정당 활동 탄압, 주민 폭행 및 살해가 제멋대로 자행되고 있었다. 이 '암흑시대'의 공포정치에 대응하여 오키나와 주민이 하나되어 총반격을 시도한 것이 곧 '시마구루미 투쟁'이었다.

'시마구루미 투쟁' 25주년이 되던 1981년, 아라사키는 "오키나와 민중이 죽을 각오로 자신들만의 힘으로 떨쳐 일어난 운동이기 때문에 아무래도 애정이 간다"고 그때를 회상했다. 그는 이 투쟁 속에서 운동의 새로운 가능성을 발견했던 것이다.

'시마구루미 투쟁'은 오키나와 시정권자인 미국이 총칼과 불도저를 앞세워 주민을 몰아내고 강제로 접수한 토지를 싼 가격에 일괄적으로 사들이는 방식으로 처리하려 한 데 대해 오키나와 주민들이 크게 반발하여 전개된 사건이었다. 류큐 정부, 입법원, 시·정·촌의회, 군용토지연합회, 시·정·촌의회 의장회는 미군정의 대행 역할은 그만두겠다며 일괄 총사퇴 전략을 세웠다. 총사퇴 후 토지방위(防衛)의회, 주민의회라 불리던 주민자치조직이 주민의 의사결정기관으로 부상했다. 지배자 측이 만들어낸 정치행정기관을 남겨둔 채로는 지배정책의 관철을 저지할 수 없다는 인식에서 출발한 이 총사퇴 전략은, 형식만 부여하고 실질적인 결정권은 일체 박탈하고 있던 허구적인 3권 분립을 전면 부정하고 인민정부적인 본래의 주민자치조직을 만들어 미군 지배에 대항하자는 것이었다. 이때 부상한 '인민정부 구상'은 이후 운동의 지평을 넓혀주었다.

그러나 이런 '근원적인 권리사상'이 부상하는 한편에서, 미군의 분열 방해공작으로 인해 미군 지배의 수혜층에 속해 있던 이들이 투쟁에서 멀어져갔다. 그들은 미군 측의 제안을 받아들이면 총체적으로는 거액의 돈이 들어와 오히려 오키나와 경제발전에 도움이 된다며, 정치경제적 이익을 앞세웠다. 그 결과 오키나와 사회는 분열되었다. 미군 지배하에서 이익을 얻는 계층은 오키나와 사회 내부의 지배자 입장에 서서 주민의 권리 요구를 봉쇄하고 떡고물을 조금 나누어주는 형식으로 민중의 불만을 돌려놓는 역할을 맡았다.

'시마구루미 투쟁'은 오키나와 민중이 "자력으로 떨쳐 일어나" 근원적인 권리사상을 추구하는 좋은 기회를 제공했다는 점에서 운동의 가능성을 열어주었다. 그렇지만 오키나와 사회에 대한 미군의 분단통치가 구조적으로 기능하게 되는 출발점이기도 했다는 점에서 한계를 보인다고 하겠다. 그즈음(1956년) 대학에 입학하여 오키나와 문제에 몰두하기 시작했던 아라사키에게도, '시마구루미 투쟁'의 가능성과 한계는 이후 개척하고 극복해 나가야 할 커다란 과제로 남았다.

그가 '시마구루미 투쟁'에서 발견한 가능성은, 오키나와의 '시마구루미 투쟁'이 본토 사회에 커다란 반향을 불러일으켜 일찍이 없었던 민중의 공감과 지원을 받았다는 점이었다. 아라사키는 이 시기를 회고하며 "민족적 연대의 가능성"이 열렸던 거의 유일한 기회였다고 쓰기도 했다. "오키나와 문제를 [일본인의] 민족적 연대와 민족적 책임을 가지고 평화적인 방향을 향해 해결해 나가자는 민족의식"은 당시 그를 지탱해주는 버팀목이었다. 이러한 생각은 신문이나 잡지, 라디오 등 여러 매체를 통해 다양하게 분출되었다.

그러나 이때 발견된 연대의 가능성은 미국과 일본 정부의 분단 정책으로 말미암아 더 이상 커 나가지 못했다. 그 경위는 이 책 제5장을 보면 어느 정도 이해가 될 것이다. 1940년대 말부터, 특히 한국전쟁 발발 이후 미국은 동아시아 전략에서 한국, 오키나와, 대만에 중국과 소련에 대한 전선(戰線)기지를 설치하고 배후에 있는 일본 본토를 '아시아의 물자조달공장'으로 삼아 동아시아 경제부흥을 견인시키는 동시에 병참기지 기능을 유지시킨다는 기능적 분업체제의 구축을 모색해왔다. 여기에다 일본 본토 사회에서 고양되는 반미감정과 평화운동, 이를 이용하여 미국의 재군비 요구를 비껴가려는 일본 정부의 의도가 더해져, 1950년대 후반에 들면 미군은 일본 본토에서 서서히 철수하기 시작했다. 먼저 제24 보병사단이 철수했고, 이어 유엔군 사령부가 한국으로 이전했다. 미 해병대는 모든 병력을 오키나와로 이전하여 일본 본토에는 미 육군과 보급부대만 남게 되었다. 분업체제의 구조와 기능이 강화되어 일본 본토 안에서는 적어도 평화주의와 경제적 번영이 달성된 것으로 보였다. 그러나 미군기지가 집중된 오키나와와 한국의 존재는 일본 사회에서 점차 잊혀져갔다.

패전 이후 일본은 침략전쟁에 대한 철저한 비판과 반성 없이 미국 지배에 종속되어, 천황의 전쟁책임도 묻지 않고 A급 전범 용의자인 기시 신스케(岸信介)를 수상 자리에 앉히는 지배체제를 만들어냈다. 이런 체제를 확립한 것은 1952년의 강화조약과 미·일 안보조약이었고, 배후에서 이를 지탱하는 역할을 담당한 것은 이 조약에 따라 일본에서 분리되어 미군 요새로 남게 된 오키나와였다. 따라서 오키나와의 일본 복귀는 오키나와와 본토를 분단시켰던 일체의 지배구조를 타파하는 방책으로서 주장되었다. 아라사키는 1963년에 발표한 첫 논문(「전기에 선 조국 복귀 운동」)을 다음과 같이 끝맺었다.

　미군 지배하에 있는 오키나와 사회가 오키나와 해방의 수단으로서 조국 복귀 운동을 진행하고, 본토에서 패전 이후 일본의 근본적 혁신 운동으로서 이를 응원하는 형태로 오키나와 반환 운동이 일어나 양자가 하나가 될 때 비로소 본토 인민과 오키나와 인민이 대등한 자격으로 민족적 통일을 이룰 가능성이 생겨날 것이다.

오키나와 투쟁의 패배와 소수자로서의 재기

　아라사키에게 오키나와의 일본 복귀 운동은 강화조약—특히 오키나와의 일본 분리를 확정한 제3조—과 미·일 안보조약의 개정 또는 폐기를 건 오키나와와 일본의 해방운동이었다. 나중에 그는 이것을 '오키나와 투쟁'이라 이름 붙였다.

　그러나 이 책 제6장에 서술된 것처럼, 1972년에 실현된 오키나와의 일본 복귀는 현실적으로 미 극동정책의 재편성을 위한 미·일

협력체제(안보체제)의 강화로 귀착되었다. 오키나와 문제의 본질이 미국의 동아시아 전략과 그에 대한 일본 정부의 종속과 결탁에 있음을 간파하고 있던 그에게, 이런 사태의 추이는 지금까지의 연구와 평론 활동, 실천적 운동을 통해 추구해온 오키나와 투쟁이 완전히 패배했음을 의미했다.

1965년 미국의 베트남전쟁 참전부터 1972년 오키나와의 일본 복귀가 확정되기까지는 아라사키가 본격적으로 연구와 평론 활동을 펼치던 시기이기도 하다. 앞에서 말한 자료집 외에 『오키나와 반환과 70년 안보』, 『오키나와·70년 전후』 등의 저서를 발표했고, 많은 평론을 잡지 등에 기고했다.

그는 기고문에서 오키나와를 반환할 수밖에 없게끔 몰아붙인 오키나와 민중운동의 힘을 높이 평가하는 한편, 미·일 양 정부가 표면적으로 오키나와의 염원을 들어주는 척하면서도 실제로는 미·일 안보체제를 재편·강화하려 한다는 점을 반복하여 환기시켰다.

그러나 함께 활동해온 동지들 사이에서조차 이민족의 군사지배보다 일본국 헌법 아래서 자치를 추구하는 편이 더 낫지 않느냐는 의견이 대세를 차지하고 있었다. 이에 그는 "완전히 패배감에 젖어서" 고독 속에서 복귀를 맞이했다.

이렇게 해서 1972년, 본토 복귀와 함께 오키나와 전후사의 한 막이 내렸다. 아라사키는 『전후 오키나와 역사』, 『오키나와 전후 역사」두 권의 책에 오키나와 전후사론을 집약하여 담았다. 그러나 오키나와의 일본 복귀를 통해 오키나와 해방과 일본 사회의 변혁을 추구한다는 운동의 목표는 미완의 과제로 남겨진 셈이었다.

복귀 이후 아라사키의 활동은 일본 사회 소수자(차별받는 사람들)와 연대를 넓혀가는 데 집중되었다. 소수자들과의 연대는 기실 오키나와 전후사의 총괄과 밀접하게 관련되어 있었다. 1969년 오키나와 반환이 결정되어 복귀 운동의 목표가 소멸된 즈음부터, 오키나와에서는 근대 이전부터 계속되어오던 본토의 오키나와에 대한 차별의식을 규탄하는 논의가 분출되었다. 이 움직임은 본토에서도 큰 반향을 불러일으켰다. 본토 고발 붐은 오키나와를 피해자로 특권화시켜 일본 사회 다른 피억압자들과의 동일한 취급을 거부하게 하는 한편, 오키나와 사회 내부의 모순을 은폐하여 지금까지 받은 고통을 보상하도록 일본 정부의 오키나와 관여를 더욱 촉구하는 방향으로 나아갔다.

1970년 당시 오키나와에서는 "전쟁책임 문제나 복귀 운동의 약점에 대한 비판을 통해 일본에 내재하는 구조적인 차별을 규탄해나가겠다"는 움직임이 있었는데, 아라사키는 여기서 새로운 가능성을 찾았다. 복귀 후 오키나와로 이사해(1974년) 살면서 "오키나와가 일본 속에서 스스로 독자성을 주장하려면 소수자의 입장을 철저히 관철시키는 수밖에 없다"고 말했다. 그리하여 오키나와 내부에 존재하는 변경에 대한 차별의식을 검토하면서 '일본 내에 존재하는 오키나와'에서부터 피차별 부락이나 재일 한국·조선인 문제와의 관련성을 추구하는 시점을 확립하려는 노력을 기울이게 되었다.

류큐호의 연대와 원점으로의 회귀

오키나와가 본토에 복귀하고 2년 뒤인 1974년, 오키나와대학 교수로 초빙된 아라사키는 오랜 염원이던 오키나와 생활을 시작할 수 있었다. 이제 여권이 필요 없었다. 반 년 후 그는 동지들과 함께 'CTS(석유비축기지) 저지투쟁을 넓히는 모임'(나중에 '류큐호의 주민운동을 넓히는 모임'으로 개칭)을 결성하여 새로운 활동을 시작했다.

'CTS 저지투쟁을 넓히는 모임'은 1년 전에 결성한 '긴완(金武灣)을 지키는 모임'을 후원하기 위한 단체였다. 복귀 후 오키나와현은 기업을 유치하여 기지 관련 수입에 의존하는 오키나와 경제구조를 바꾸고자 했다. 그 결과 오키나와현 동해안에 거대한 석유비축기지 건설계획이 진행되고 있었다. 석유비축기지는 공해 문제 때문에 본토에는 도저히 건설 불가능한 상태였다. 이 계획은 긴완 사람들의 생활터전을 빼앗고 운송선에서 석유가 새나올 경우 심각한 공해 문제를 일으킨다는 이유로 지역주민들의 완강한 반대에 부딪쳤다. 그럼에도 오키나와현이 강제로 개발을 진행시키려 하자 시민들은 '긴완을 지키는 모임'을 결성해 1974년 9월 현을 상대로 행정소송을 제기했다. 'CTS 저지투쟁을 넓히는 모임'은 이 소송에 맞추어 결성되었다.

긴완 석유비축기지 건설계획을 전후해 아마미(庵美) 제도에서 미야코(宮古), 야에야마(八重山) 제도에 이르는 류큐호의 작은 섬들에 차례차례 CTS나 사용이 끝난 핵연료 재처리공장을 건설한다는 계획도 제시되었다. 일본 정부는 중동에서 일본으로 가는 석유운송로 길목에 위치한 류큐호의 작은 섬들에 석유에너지기지를 건설하려 했던 것이다. 이런 상황을 가져온 원인 중 하나는 복귀 운동 자체의 한계, 즉 "일본 본토와 일체화를 요구하며 일본 본토에 의지하려 했던 소위 중앙지향적 운동"이었다는 점 때문이기도 했다.

'CTS 저지투쟁을 넓히는 모임'은 복귀 후 목표를 잃고 경직되어 있던 기존의 운동 조직에 의존하지 않고, 각 지역에 생활 근거지를 둔 주민운동을 축으로 서로 교류하면서 그것을 통해 탄력적인 연대의 장을 만들어내고자 했다. 복귀 후 오키나와에서는 '출구가 보이지 않는 상황' 속에서 어디까지나 자신들이 살고 있는 지역에 뿌리내리고 거대한 권력과 싸워 나가자는 주민운동에 관한 인식이 점차 넓어졌다. 아라사키는 그런 주민운동에서 복귀 운동을 밀어붙였던 원점으로 되돌아가야 한다고 강조했다. 즉 우리 생활현장은 우리 스스로 지킨다는 근원적 권리사상과 거기에 근거한 운동은 아무리 강고한 지배체제라고 꿰뚫을 수 있고, 인간으로서의 공감을 불러일으키는 보편성을 가지고 있기 때문이었다. 복귀 후 혼미한 오키나와 사회로 뛰어든 아라사키는 복귀 운동의 좌절에서 나타나기 시작한 각 지역의 주민운동을 "전후 오키나와 역사 속에 묻혀 있던 운동의 원점을 다시 한 번 돌이켜 생각해보는" 기회로 받아들였다.

'제3의 파도'를 넘어서

아라사키는 복귀 이후 '본토화'의 물결이 밀어닥치는 속에서 저항의 불씨를 지키면서 사회변혁의 운동력을 모색하는 작업을 계속 벌여 나갔다. 류큐호 주민운동 외에 1982년부터는 '1평 반전지주 운동'의 중심적 역할을 담당했다. 그는 이 운동을 이끄는 '1평 반전지주회'의 대표간사를 맡았다. '1평 반전지주 운동'이란 반전지주가 소유한 미군기지 내 토지의 일부를 지원자가 돈을 내고 사들여 일본 정부와 싸우는 반전지주를 격려하고 기지 철거 운동을 넓혀가자는 것이었다.

그리고 1995년 가을, 한 소녀의 폭행사건을 계기로 촉발된 미군기지에 대한 분노와 복귀 후에도 미군기지를 그대로 방치해온 데 대한 반성이 미군기지 반대 운동과 연결되어 오키나와의 운동이 다시 한 번 크게 고양되었다. 현 전체가 하나가 되어 미군용지 강제사용 절차를 거부하고 나선 것이다.

그러나 이 책에서도 언급했듯이 민중운동이 고양되던 1996년 9월, 현 지사가 50억 엔의 오키나와 진흥개발비 제공을 약속받고 갑자기 정부에 협력하는 쪽으로 돌아서는 바람에, 1년간에 걸친 현 전체의 민중운동은 종지부를 찍고 말았다. 하지만 이러한 결말은 일시적 무력감을 동반하기는 했어도 결코 아라사키를 절망감에 빠뜨리지는 못했다. 이 시기를 회고하면서 아라사키는 자신의 저서 『오키나와현대사』에 이렇게 썼다.

나는 1995년 가을 이후 민중운동의 고양을 40년 전의 '시마구루미 투쟁'과 1970년 전후에 일어났던 '오키나와 투쟁'에 이어 오키나와 전후사 민중운동의 '제3의 파도'라 부르고 있다. 이 파도는 단지 밀려왔다가 밀려가는 것이 아니라 점점 그 파고가 높아져가는 그런 파도이다.

위의 세 운동은 해당 시점에서의 결말만 보면 패배와 좌절을 포함하고 있다. 그러나 그 각각의 패배와 좌절은 이후의 상황 변화 속에서 다음으로 이어지는 전망을 가리키는 귀중한 유산으로 축적되었다. 그리하여 앞의 '시마구루미 투쟁'은 미국 지배에 대한 저항을, 1970년을 전후한 오키나와 투쟁은 참된 조국 복귀를 요구하는 투쟁을 전면에 내세웠던 것에 비해, 세 번째 운동에서는 '인권과 평화의 보편적 가치' 추구를 전면에 내세우게 되었다. 제3의 민중운동은 단지 미국과 일본에 대한 정치적 요구뿐만 아니라, 여성의 인권과 기지에서 발생하는 폭력을 없애자는 평화운동으로, 오키나와에 국한되지 않고 그 틀을 넘어 전개되었다.

제3의 파도를 넘어서 남겨진 문제들을 생각할 때, 이제는 지금까지 별로 문제시되지 않았던 오키나와 미군기지 주위에서 일하는 동남아시아 여성들이나 오키나와 사회 내부의 전통적인 여성인권 문제도 함께 시야에 넣지 않으면 안 될 것이다.

또한 미군이 오키나와 기지의 일부분을 축소할 경우, 그 이전처럼 언급되고 있는 한국에 대해 고통의 '전가'가 아닌 고통을 '소멸'시키는 방향에서 연대가 이루어져야 할 것이다. 만약 한국인들의 존재를 염두에 두지 않는다면 오키나와 반전 평화운동은 일찍이 일본 사회가 오키나와에 기지를 부담시킴으로써 인권과 평화를 획득할 힘을 잃고, 결국 부패한 정부와 정치가에게 모든 것을 맡긴 채 스스로 사회문제를 해결하는 능력, 즉 자정능력을 상실했던 것과 같은 전철을 밟게 될지도 모른다.

1997년 8월 16일, 일본의 『마이니치(每日)신문』에는 가데나 기지의 열화(劣化)우랄탄이 한국으로 이송되었다는 미 국방성 보도관의 설명이 인용되어 실렸다. 열화우랄탄은 발사할 때 나오는 방사선이 대기와 토양을 오염시키고 공기나 음식물을 통해 사람 몸으로 들어와 뼈나 내장에 축적되어 백혈병과 암을 유발하는 것으로 알려져 있다. 이 보도는 한국의 반기지 활동가들에게 큰 충격을 주었다. 주한미군 관계자는 문제가 된 오키나와 주재 해병대 소유의 열화우랄탄은 미국 본토로 이송되었다고 해명했지만, 육군 소유 열화우랄탄 등에 관해서는 자세하게 알려지지 않았다. 만약 오키나와에서 철거된 부대가 일부라도 한국에 주둔하게 된다면, 그것은 한국인들에게 한층 더 고통을 안겨주는 일일 뿐만 아니라, 동아시아의 군사적 긴장이 완화되기는커녕 오히려 오키나와 기지의 필요성을 역설하는 미국과 일본, 그리고 한국 정부의 논리를 강화하는 결과를 가져올 것이다. 동아시아의 미군기지를 동아시아 이곳저곳으로 옮기기만 하는 기만책은 민중들에겐 아무런 해결책이 되지 않는다.

아라사키는 반세기 가까이 오키나와 문제를 중심축으로 하는 연구와 평론 활동, 그리고 운동에서 중요한 역할을 담당해왔다. 최근에 그는 거대한 미군기지를 두었다는 공통의 문제를 안고 있는 한국에서 반기지 운동을 벌이는 이들과 적극적으로 연대를 모색하고 있다. 1997년 8월, 아라사키는 열화우랄탄 이전 보도를 둘러싸고 불안과 분노가 들끓고 있는 한국을 방문해 반기지 운동의 교류를 넓혔다. 한국 방문을 마치고 돌아와 『오키나와 타임즈』(1997. 8. 27)에 기고한 글에서 그는 "오키나와의 반기지 투쟁에 공명하면서 동시에 기지가 한국에 집중되지 않을까 불안해하는 한국 민중의 존재를 반드시 시야에 넣지 않으면 안 된다"며, 오키나와 기지 철거 운동의 결말을 반드시 동아시아 전체 속에서 확인해야 한다고 강조했다. (해설·모리 요시오)

아보지 않는 일이라며 계획 변경에 반발했다. 이후 미·일 양 정부는 오키나와 사회에서 신기지 건설을 용인하는 여론의 지지를 얻기가 힘들어진 상태에서 현재에 이르고 있다.

오키나와전 이래 점령체제를 유지하려는 미·일 양 정부의 시도는 평화와 인권, 자치를 요구하는 오키나와 민중의 저항운동에 직면해 그 한계를 드러내고 있다. 그 격렬한 승부의 최전선인 헤노코의 캠프 슈와브 게이트 앞에는 햇볕을 가리는 텐트가 즐비하게 늘어서 있다. 주변에는 꽃들이 심어져 있고, 노래와 춤과 웃음소리가 끊이지 않는다. 그 떠들썩한 광장에서 한국어로 쓰인 메시지를 찾는 것은 그리 어렵지 않다. 제주도 강정에서 강행되는 해군기지 건설은 한국군이 미군과 공동으로 사용할 것으로 예측되는데, 강정의 기지 반대 운동을 하는 사람들과 헤노코에서 투쟁하는 사람들은 서로에게 배우며 서로를 격려하는 교류를 이어가고 있다.

아시아 평화의 세기를 향하여

한국과 오키나와의 반기지 민중연대는 어떠한 역사적인 의미를 가지며 어디를 향해 나아가고 있는 것일까?

냉전기에는 미국을 주축으로 미국과 일본, 한국과 미국이 각기 2개국 간 군사동맹으로 연결되어, 미국의 패권적 지배하에 반공주의로 각 국가를 묶는 군사동맹체제가 구축되었다. 냉전이 종결되

오키나와에서 한국까지 2015년 5월 캠프 슈와브 게이트 앞에 놓인 한국어 피켓. 이 명박 정권의 원전정책을 비판하는 내용이 눈에 띈다. 사진은 모리 요시오 제공.

고 미국과 중국의 경제관계가 심화되는 변화 속에서도 미국은 이 구조를 유지하려 하고 있다.

헤노코나 강정의 기지 건설은 그러한 움직임 안에 있다. 그러나 냉전시대에 비해 크게 바뀐 것은 '외세'의 패권적 지배에서 벗어나 자립을 요구하며 평화로운 생활을 획득하려는 동아시아 각지의 민중들 사이에 교류가 뿌리를 내려 정착하게 되었다는 점이다.

동아시아 민중들은 교류를 거듭하면서 일본 내의 미군기지가 집중해 있는 오키나와가 미군에 대해 또 일본 '본토' 정부의 차별정책에 대해 싸워온 독자적인 역사를 가지고 있음을 이해하게 되었다. 이러한 일본 국내의 분단과 차별을 틈타 미군의 거대한 군사시설이 각국에 세워져 외세의 지배가 용인되어왔다는 분단 지배의 구조도 자각되게 되었다.

오키나와와 일본 사이의 복잡한 관계는 예전 같으면 국가 단위 평화운동단체 간의 연대를 복잡하게 하는 것으로 인식되어 경원시 되었을지도 모른다. 그러나 전후 50년을 맞이한 1995년 이후 동아시아에서는 국가 간의 교섭에서 다루어지지 않았던 민중 개개인의 전쟁 피해와 배상, 사죄 요구와 명예회복 등이 초점이 되었다.

이러한 시대상황 아래서 오키나와와 일본 사이의 복잡한 관계를 아는 것은, 중국과 대만 민중 사이의 문제, 한국 본토와 제주도 사이의 문제 등 국가 단위의 견지로는 해결할 수 없는 분단의 문제를 간파하는 보편적인 관점을 갖게 한다. 그런 관점에 설 때, 국가 단위의 평화를 위해 어느 한 지역 사람들이 희생되는 것이 아니라, 자립적인 '인간의 안전 보장'이라는 시야가 열릴 수 있다.

국가권력에 의한 전제 지배의 오랜 역사적 전통을 가지고 있는 동아시아에서 이는 획기적인 의미를 가진다. 그리하여 최근 오키나와에서는 동아시아 지역의 민중이 연대해 동아시아 해역을 '평화의 바다'로 만들자는 전망을 강하게 호소할 수 있게 되었다.

전쟁의 시작은 각국의 수도에 있는 정치가와 장군들에 의해 결정되지만, 그 피해를 가장 심하게 입는 것은 수도에서 멀리 떨어진 국경지대나 기지 소재지이다. 그 전쟁 피해자의 시점에서 전쟁의 시작을 미리 막아 국경을 넘는 연대를 구축해 군사적 긴장 증대를 저지하려 하고 있다. 이는 20세기에 수천만 명이 전쟁터로 내몰려 희생된 동아시아 민중들이 그 교훈을 가슴에 새기면서 제국주의와 식민지주의를 극복해 공동의 평화를 만들어가려는 역사적인 발걸음이다.

미군기지가 집중해 있는 오키나와와 한국의 민중연대가 중국과 대만 민중으로까지 연대의 고리를 넓혀가는 가운데, 아라사키의 저서도 이들 지역에서 널리 번역되어 읽히고 있다. 또 '주한미군범죄근절운동본부'에서 사무국장으로 일했던 정유진 씨는 2000년 아라사키가 근무하던 오키나와대학에 유학한 뒤 지금은 교토의 도시샤대학에서 교편을 잡고 있다. 정유진 씨를 비롯해 바다를 건너 평화운동과 연구의 영역이 넓어지고 있다.

21세기는 '아시아의 세기'가 될 것이라는 말을 들은 지 오래지만, 한국과 오키나와의 민중연대 운동은 이 아시아의 세기를 '평화의 세기'로 이끌어 나가는 데 가장 중요한 의미를 가지는 평화운동으로서 세계사 속에 위치하고 있다.

해설 · 모리 요시오(森宣雄)
1968년 요코하마시에서 태어났다. 오사카대학교 대학원 문학연구과를 수료했다(문학박사). 성토마스대학 인간문화공생학부 준교수를 거쳐 동지사대학 학외연구원로 재직 중이다. 저서로『대만/일본―연쇄하는 식민지주의』, 『오키나와 전후 민중사―동굴에서 헤노코까지』 등이 있다.

오키나와에 연대와 지지를

오키나와는 현대 일본의 모순이 집중되어 있는 지역이다. 제2차 세계대전에서 유일하게 지상전투가 벌어져 많은 민중이 전쟁에 휘말려 희생당했기 때문에 일본에서는 전쟁의 '피해자'로 인식되는 측면이 있다. 동시에 오키나와는 일본국에 속하기 때문에 '가해자'의 성격 또한 가지고 있다. 물론 변경에 위치한 지역이 흔히 차별받고 경제적으로도 뒤쳐지듯이, 오키나와도 예외는 아니다.

현재 오키나와 경제를 지탱해주는 관광 수입과 기지 관련 수입은 오키나와의 현재 모습을 잘 보여준다. 오키나와는 자연경관이 빼어나기도 하지만, 제2차 세계대전과 관련된 기념관 따위가 모두 관광(또는 방문)의 명소로 둔갑해 있다.이곳을 찾는 일본 사람들은 아름다운 자연경관 속에 새겨진 전쟁의 상흔과, 이 책에서 보듯이 패전국 일본의 상징으로서 미군기지가 집중되어 있는 오키나와의 모습을 보면서, 도대체 일본에게 그리고 일본인들 자신에게 오키나와란 무엇인지를 고민하게 된다. 오키나와는 일본을 이해하는 '화두'라고 해도 좋을 듯하다.

『오키나와 이야기—일본이면서 일본이 아닌』은 『沖繩を知る 日本を知る』(부락해방연구소, 1977)를 번역한 책으로, 일본어판에는 없는 '해설'과 '연표'를 덧붙여 1998년 여름에 초판이 간행되었다.

1997년부터 2002년까지 〈동아시아 국제심포지엄〉이라는 학술대회가 타이완, 제주, 오키나와, 광주, 교토, 여수에서 열렸는데, 당시 나는 일본에서 동아시아 냉전과 국가 테러리즘을 다루는 '국제심포지엄 일본사무국'에 참가하고 있었다.—'국제심포지엄'에 관해서는 『서승의 동아시아 평화기행』(창비, 2012)에 상세하게 나와 있다.—'국제심포지엄'이라는 거창한 이름을 내걸었지만 실제는 시민운동의 성격을 띠고 있었다. 특히 일본사무국은 1년 내내 학습회와 강연회 등을 꾸리면서 심포지엄을 준비했다.

그런 가운데 1999년에 오키나와에서 열리는 심포지엄을 앞두고 오키나와의 역사를 한국에 소개하자는 국제심포지엄 일본사무국의 의견에 따라 기획·번역된 것이 바로 이 책, 『오키나와 이야기』였다. '걸어 다니는 오키나와 현대사'라는 별명이 붙은 저자 아라사키

선생님은 자신의 책이 한국에 번역 출판되는 것을 정말 기뻐해주셨고, 한국에서도 많은 분들이 읽고 싶었던 책이라고, 그간 몰랐던 오키나와의 역사를 알게 됐다고 말씀해주셨다.

그로부터 18년이 흐른 뒤, 『오키나와 이야기』가 증보판으로 다시 세상에 빛을 보게 되었다. 절판된 책을 꾸준히 찾는 독자들이 있었기에 가능한 일이다. 그간 오키나와에 관한 책이 여러 권 나왔지만, 이 책이 알기 쉽고 부담없는 '오키나와 알기' 교양서로서 톡톡한 역할을 하리라고 생각한다. 증보판을 펴내면서 9장, 10장, 11장을 새로 덧붙이고 해설과 연표 등도 추가했다.

오키나와 직항편이 늘어 오키나와를 찾는 국내외 관광객은 많이 늘어났지만, 오키나와가 처한 현실은 18년 전과 그리 변하지 않은 듯하다. 1996년부터 논의된 후텐마 기지 반환은 20년이 지난 현재까지도 실현되지 않았다. 미군기지로 인한 사건사고도 끊이질 않는다. 2016년 4월에는 미군 군속에 의해 한 여성이 성폭행 당한 뒤 주검으로 발견되는 사건이 일어났다(우루마시 강간살인사건). 이에 격분한 현민들은 6월 19일, 6만 5천 명이 모여 현민대회를 열고 "미군기지를 없애는 것밖에 문제를 해결할 길이 없다"고 호소했다.

지금도 미군기지 설비 확장 등에 반대하는 시위와 농성이 곳곳에서 이루어지고 있다. 며칠 전에는 미군 북부훈련장(히가시촌, 니가미촌)의 헬리콥터 이착륙장 건설에 반대하는 주민들이 도로를 점거하자, 자위대가 대형 헬리콥터를 이용해 건설용 기자재를 직접 운반 했다는 뉴스가 TV 화면을 통해 전해졌다. '자위대'라는 글자가 선명한 대형 헬리콥터와 도로를 점거한 주민들의 황망한 표정이 묘하게 대립되었다. 국가는 무엇인가? 국민의 안전과 행복을 지키기 위해 국가는 무엇을 해야 하는가? 지난 수십 년간, 그리고 지금 이 순간에도 오키나와 사람들은 거리에서 광장에서 이런 근본적인 질문을 끈질기게 되묻고 있다. 오키나와에 진심어린 연대와 지지의 마음을 보낸다.

2016년 9월

오사카에서 김경자

오키나와 연표

1605	노구니 총관, 푸저우에서 고구마 재배법 들여옴.
1609	사츠마번 류큐 침입.
1623	흑설탕 생산 시작.
1647	흑설탕 전매제 실시.
1853	일본 근해에 미 페리 함대 출현.
1854	미·일 화친조약, 류·미 수호조약 체결.
1868	에도 막부 몰락. 권력을 천황에 이양함(메이지유신).
1871	대만 표류한 미야코 주민 54명 살해당함.
1872	류큐번(藩)이 됨. 쇼타이는 화족에 들어감.
1873	류큐 관료제 일본식 개편. 외교권·사법권 일본 귀속.
1874. 05.	표류민 피살사건을 빌미로 일본군 대만 출병.
10. 30.	청·일 정부 간 협의. 청은 일본의 군사 행동을 일본 국민 보호를 위한 의거로 확인해줌.
1877	사츠마 사족 세이난전쟁 일으킴.
1879	'류큐 처분' 단행. 류큐를 오키나와현으로 편입. 국왕과 왕세자를 도쿄로 강제 이주시킴.
1880. 09.	분도안을 포함한 일·청 조약 개정안 제출, 이후 소멸.
1889	대일본제국헌법 공포. 천황제 중앙집권국가 완성.
1924	'소철지옥'이라 불리는 불황 시작.
1932	오키나와 진흥 15년계획.
1941. 12. 08.	일본군 미 하와이 진주만 공격, 태평양전쟁 시작.
1944. 03. 22.	일본군 제32군 오키나와 수비군 신설.
03. 25.	미군 오키나와섬, 게라마 제도에 함포 사격 개시.
1945. 03. 26.	미군 게라마 제도 상륙. 오키나와 자마미섬, 게라마섬에서 집단자결 사건 발생.
1945. 04. 01.	미군 오키나와 중부 요미탄촌·차탄촌 상륙, 오키나와

	전 지역에 군정 실시 선언.
04. 02.	요미탄촌 치비치리가마에서 집단자살, 82명 희생.
06. 22.	일본군 괴멸, 오키나와전 종료.
08. 15.	포츠담선언. 일본 항복. 오키나와 심의위원회 설치.
1946. 01. 29.	GHQ가 일본과 남서제도의 행정분리 발표.
1950. 06. 25.	한국전쟁 발발.
12. 08.	군(軍)정부를 류큐 열도 미국 민(民)정부로 개칭.
1951. 04. 29.	오키나와에서 류큐 일본복귀촉진기성회 결성.
09. 08.	대일강화회의.
1952. 04. 01.	류큐 정부 발족, 대일강화조약, 미·일 안보조약 발효.
1953. 07. 15.	이에지마 토지투쟁.
12. 25.	아마미오시마 일본 복귀.
1954. 01. 07.	아이젠하워 미 대통령 연두회담에서 오키나와 기지 무기한 보유 선언.
1955. 07. 17.	이사하마에서 무장한 미군의 토지 강제수용 시작.
1956. 05. 08.	'프라이스 권고' 발표.
06. 20.	'프라이스 권고'에 반대, 4원칙 관철 주민대회 개최, '시마구루미 투쟁'으로 확산.
1957. 06. 21.	기시·아이젠하워 공동성명.
1959. 06. 30.	이시가와시 미야모리초등학교에 미 제트기 추락, 138명 사망.
1960. 04. 28.	오키나와현 조국복귀협의회 결성.
1962. 02. 01.	입법원, 오키나와 즉시 복귀 등을 결의한 '2·1결의'.
1963. 03. 05.	가라웨이 고등법무관, "오키나와 자치권 획득은 신화에 불과하다" 발언.
1964. 06. 10.	입법원 자치권 확대, 주석 공선(公選) 결의.

1965. 01. 13.	사토·존슨 공동성명.
07. 29.	가데나 기지에서 B52 베트남 출격.
08. 19.	사토 수상 오키나와 방문.
1967. 02. 24.	교직원 정치활동 제한·금지 입법 저지를 위해 입법원 건물 포위.
11. 14.	제2차 사토·존슨 공동성명.
1968. 11. 11.	첫 주석 선거에서 혁신파 야라 초뵤(屋良朝苗) 당선.
1969. 11. 22.	사토·닉슨 공동성명, 오키나와 반환 천명.
1970. 12. 20.	고자 폭동. 미군이 저지른 윤화(輪禍) 사건에 민중들이 분노해 미 군용차에 방화하고 폭동을 일으킴.
1971. 06. 17.	오키나와 반환협정 조인.
1972. 05. 15.	본토 복귀, 오키나와현이 됨. 오키나와 반환·오키나와 처분 항의 현민 총결의대회 개최.
06. 30.	오키나와에 자위대 배치.
1973. 04. 24.	미 해병대 현도(懸道) 104번 봉쇄, 실탄 포격 연습.
09. 25.	'긴완(金武灣)을 지키는 모임' 결성됨, 석유비축기지(CTS) 건설 반대, 지사에게 항의.
1975. 07. 17.	황태자 부부 히메유리탑 앞에서 화염병 공세를 받음.
07. 20.	오키나와 해양박람회 개최(1976년 1월 18일까지).
1976. 06. 22.	야라 지사 CTS 건설 허가.
1977. 05. 15.	공용지법 기한종료. 기한연장되지 않은 상태에서 무단점거 발생(4일간).
12. 11.	지사 선거에서 보수파인 니시메 준지(西名順治) 당선.
1981. 02. 07.	반전지주회 토지사용 인정 취소 요구하며 소송 제기.
1982. 04. 01.	오키나와현 토지수용위원회, 미 계약 군용지 5년 강제 사용 판결.

09. 14.		검정교과서의 주민학살 기술 삭제에 항의하는 현민대회 개최.
12. 12.		1평 반전지주회 결성.
1986. 02. 25.		히노마루·기미가요 반대 현민 총궐기대회.
11. 19.		조선인 군부(軍夫)였던 이들이 오키나와 방문, 위령제.
1987. 06. 21.		가데나 기지를 인간 사슬로 포위(2만 5천 명 참가).
10. 26.		요미탄촌 평화의 숲 야구장에서 히노마루 소각사건.
1989. 01. 07.		쇼와 천황 서거.
12. 03.		미·소 정상회담에서 동서냉전 종결 선언.
1990. 11. 18.		지사 선거에서 혁신파 오타 마사히데 당선.
1991. 01. 17.		걸프만전쟁 발발.
1992. 11. 03.		슈리성 정전(正殿) 복원, 일반에 공개.
1993. 04. 23.		오키나와에서 전국 식수제(植樹祭) 개최, 천황과 황후 첫 오키나와 방문.
09. 27.		P3C 기지 건설 저지 총궐기대회.
1994. 12. 12.		반전지주에 대한 중과세 소송 승소(국가 측 패소).
1995. 09. 04.		미군에 의한 초등학교 소녀 폭행사건 발생.
09. 28.		오타 지사 현의회에서 대리서명 거부 표명.
10. 21.		소녀 폭행사건에 항의, 현민 총궐기대회(8만 5천 명 참가).
12. 07.		무라야마 수상이 오타 지사를 제소(직무집행명령소송).
1996. 04. 12.		하시모토 수상과 몬델, 후텐마 기지 반환에 합의.
04. 17.		미·일 정상회담에서 안보체제 강화 선언.
08. 28.		대리서명 소송에서 현 측 패소.
09. 08.		기지 정리 축소와 미·일 지위협정 재고를 묻는 현민투표 실시(전국 최초).
09. 13.		지사가 공고·종람 대행을 표명.

1997. 04. 11.	중의원에서 주류 군용지 특별조치법 가결, 참의원은 17일 가결.
09. 24.	신방위지침 미·일 합의.
1998. 06. 27.	'미군기지에 반대하는 운동을 통해 오키나와와 한국의 민중연대를 도모하는 모임'(약칭 '한국·오키나와 민중연대') 설립.
1998. 11. 15.	오키나와 지사 선거에서 오타 현 시장을 제치고 이나미네 게이치 당선.
1999. 11. 26.	오키나와에서 제3회 '동아시아의 평화와 인권' 국제 심포지엄 개최.
1999. 11. 22.	일본 정부와 이나미네 지사, 기시모토 나고시장 사이에 군민공용 공항 건설계획(15년 기한) 확정.
2000. 04. 11.	'류큐왕국 구스크 및 관련 유산군' 유네스코 세계유산 등록.
2004. 08. 13.	오키나와국제대학에 미군 헬리콥터 추락.
2005. 10. 29.	일본 정부 군민공용 공항 건설 계획을 일방적으로 파기하고 미일합의안 발표.
2006. 09. 26.	제1차 아베 내각 성립.
2006. 11. 19.	지사 선거에서 나카이마 히로카즈 당선.
2007. 07.	히가시촌 다카에 마을에 헬리콥터 착륙장 건설 저지를 위한 주민 농성 개시.
2009. 09. 16.	민주당의 하토야마 정권 성립, 후텐마 대체시설 국외 이전, 최저 현외 이전 공약.
2010. 01. 24.	나고시장에 신기지 건설 반대 입장의 이나미네 스스무 당선.
04. 25.	기지 현내 이설에 반대해 국외·현외 이설을 요구하는

현민대회 개최.

2012. 09. 09.	'오스프레이' 배치 반대 현민대회 개최(9만 5천 명 참가).
2012. 12. 26.	제2차 아베 내각 성립.
2013. 01. 27.	히비야 야외음악당에서 'NO OSPREY 도쿄집회'.
12. 27.	나카이마 지사가 공약을 버리고 헤노코 매립 승인.
2014. 08.	헤노코 신기지 건설에 반대하는 '해상투쟁', 게이트 앞 저지운동 시작.
10. 07.	제3차 아베 내각 성립.
11. 16.	지사 선거에서 신기지 건설 저지를 약속한 오나가 다케시 압승.
12. 14.	중의원선거에서 '올 오키나와' 후보, 전원 당선.
2015. 01. 26.	전 지사의 매립승인을 검증하기 위한 '제3자 검토위원회' 설치, 정부에 공사 중단 요구.
05. 17.	오키나와 기지반대 현민대회 3만 5천 명 참가, 강정마을 등 한국에서 15명 참가.
07. 16.	안보관련법 중의원 통과, '제3자 검증위원회' 보고서 제출.
10. 13.	오나가 지사 매립승인 취소 통지, 이후 현과 일본 정부 사이에 법정투쟁 시작됨.